PRIX : 3 FR.

LA GUERRE

PAR

ERCKMANN-CHATRIAN

PARIS

J. HETZEL, LIBRAIRE, RUE JACOB, 18.

PRIX : 3 FR.

LA GUERRE

PAR

ERCKMANN-CHATRIAN

PARIS

J. HETZEL, LIBRAIRE, RUE JACOB, 18.

LA GUERRE

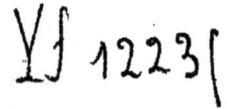

Paris. — Imprimé chez Bonaventure et Ducessois,
55, quai des Augustins.

LA GUERRE

PAR

ERCKMANN-CHATRIAN

PARIS

J. HETZEL, LIBRAIRE, RUE JACOB 18.

1866

Tous droits réservés.

LA GUERRE

SOUWOROW L'INVINCIBLE

PREMIER TABLEAU
LE DÉPART DE SOUWOROW

La grande place d'Alexandrie. A gauche, la boutique du fripier Zampieri, encombrée de manteaux, de chaussures, de vêtements. A droite, un café. Au fond, la cathédrale Saint-Laurent. Les fenêtres, les balcons autour de la place regorgent de monde. La foule encombre les marches et les porches de la cathédrale, où se chante le *Te Deum*. L'orgue, par instants, se fait entendre au-dessus des voix innombrables. Les banderoles, les drapeaux, les bannières aux couleurs de la Russie, flottent partout. Un régiment de cosaques traverse la place; le fripier Zampieri et sa fille Marietta déploient des vêtements à l'étalage.

SCÈNE PREMIÈRE

ZAMPIERI, MARIETTA, SOLDATS RUSSES, HOMMES ET FEMMES DU PEUPLE, puis JONAS.

VOIX NOMBREUSES.

Vivent les Russes! Vivent les libérateurs de l'Italie! Vivent les soldats de Souworow!

(Grandes acclamations qui se prolongent dans les rues voisines. Jonas paraît à droite.)

ZAMPIERI, apercevant un cosaque qui cherche à décrocher une paire de bottes avec sa lance.

Au voleur! au voleur! (Il sort en courant.)

LE COSAQUE.

Hourra! (Il pique des deux et disparaît à gauche.)

JONAS, s'approchant de l'échoppe.

Hé! maître Zampieri, encore un peu... (Il montre la paire de bottes en souriant. Zampieri se retourne.)

ZAMPIERI.

C'est vous, Jonas! (s'adressant à sa fille). Marietta, rentre bien vite les marchandises de l'étalage.. Dépêche-toi.

MARIETTA.

Oui, mon père.

ZAMPIERI, s'approchant de Jonas

Nos bons amis les cosaques ont des lances si longues, et des baïonnettes si pointues, qu'elles accrochent toujours quelque chose en passant.

JONAS, riant de bon cœur.

Ne dites pas à des Italiens qu'ils mentent... Ne dites pas à des Russes qu'ils volent!...

ZAMPIERI.

Et qu'est-ce qu'il ne faut pas vous dire, à vous?

JONAS.

Dites ce que vous voudrez, je ne vous croirai pas.

ZAMPIERI, souriant.

Jonas, vous êtes un honnête homme.

JONAS, regardant à droite et à gauche d'un air comique.

Je n'ai pas de témoins, Zampieri, vous l'auriez payé cher.

(Tous deux rient et se serrent la main.)

ZAMPIERI, montrant les troupes qui défilent.

Eh bien! ils partent... Ils quittent décidément l'Italie.

JONAS.

Oui, Souworow ne pouvait plus s'entendre avec les généraux autrichiens, ça menaçait de prendre une mauvaise tournure; il va rejoindre le corps d'armée russe qui est en Suisse.

ZAMPIERI.

Ma foi, Jonas, je ne suis pas fâché de les voir

partir. Ces Russes sont les plus grands voleurs de la terre.

JONAS, avec ironie.

A quoi pensez-vous, maître Zampieri! Parler ainsi des sauveurs de la foi, des restaurateurs de l'ordre, des vainqueurs de Cassano, de la Trebia, de Novi, des libérateurs de l'Italie...

ZAMPIERI, s'emportant.

Eh! tous ces libérateurs ne pensent qu'à nous dépouiller!...

JONAS, avec vivacité.

Prenez garde... on pourrait vous entendre. (Il indique du regard des soldats de police, qui font circuler la foule. Zampieri se calme subitement. Jonas l'attire sur le devant de la scène.) Je viens vous proposer une affaire, Zampieri.

ZAMPIERI.

Quoi?

JONAS.

Deux cent cinquante habits russes, cent paires de souliers, des pantalons, des épaulettes, des pompons.

ZAMPIERI.

De l'hôpital Saint-Laurent?

JONAS.

Non, tout arrive de Novi, c'est marqué à la baïonnette.

ZAMPIERI.

Et le prix ?

JONAS.

Deux cent vingt ducats en bloc.

ZAMPIERI.

Écoutez, Jonas, apportez-moi cela dans mon magasin... Je ne peux rien dire avant d'avoir vu la marchandise.

JONAS.

Quand ?

ZAMPIERI

Quand l'arrière-garde de Souworow aura quitté Alexandrie. Je connais l'intendance russe, elle reprend volontiers ce qu'elle a vendu, pour le vendre une seconde fois.

(Grand tumulte au fond ; quelques officiers russes passent au galop.)

VOIX NOMBREUSES.

Vivent les Russes ! Vivent les sauveurs de l'Italie !...

(Acclamations.)

ZAMPIERI

Quels braillards !

JONAS.

Bah ! laissez-les faire ; ils criaient aussi fort au passage de Bonaparte... Si les Français reviennent...

L'ESPION OGISKI

déguisé en crieur public, traversant la place, un paquet de brochures sous le bras.

Histoire d'Alexandre-Basilowitche Souworow, vainqueur de Kinburn, de Foxhani, du Rymnik, d'Ismaïl, de Praga. Histoire de Souworow, fameux généralissime du tzar Paul. Histoire du vainqueur de Cassano, de la Trebia, de Novi. Histoire de Souworow l'invincible !

(Il disparait à gauche, en recommençant : — Histoire, etc.)

PLUSIEURS VOIX, *dans la rue à gauche.*

Par ici ! hé ! par ici !

(En ce moment Zampieri aperçoit des enfants, qui grimpent aux piliers de son échoppe.)

SCÈNE II

LES PRÉCÉDENTS, puis un DOMESTIQUE

ZAMPIERI, criant.

Descendrez-vous, canailles! Descendrez-vous!

(Les enfants se laissent glisser et se sauvent.)

JONAS.

Quelle race!

LE DOMESTIQUE, arrivant tout essoufflé.

Le signor Zampieri?

ZAMPIERI, arrivant derrière.

Me voilà.

LE DOMESTIQUE.

Signor Zampieri, la signora Isabella vous demande de lui faire la grâce...

ZAMPIERI, encore fâché.

Je sais... je sais... la signora veut voir passer le feld-maréchal Souworow, avec son petit casque et son grand sabre... Il lui faudrait une fenêtre sur la place... Toutes mes fenêtres sont louées.

LE DOMESTIQUE.

Pour la signora...

ZAMPIERI.

Pour la signora Isabella, j'entends bien. Toutes mes fenêtres sont louées, il fallait venir hier.

LE DOMESTIQUE, d'un accent pathétique.

Ah! signor Zampieri, vous êtes cruel.

ZAMPIERI, avec emportement.

Hé! je ne puis pas trouver de fenêtres dans ma maison, quand il n'y en a plus.

LE DOMESTIQUE.

Oh! signor Zampieri, pour la signora!

ZAMPIERI, se fâchant.

Allez au diable! Pour la signora!... pour la signora!

MARIETTA, arrangeant des vêtements à l'étalage.

Allez chez l'épicier du coin, tenez là... il en a, lui.. mais dépêchez-vous, le *Te Deum* va finir.

LE DOMESTIQUE, s'en allant.

La sainte Madone vous entende ! signora Marietta.

ZAMPIERI, à Jonas.

Quel ennui... Des fenêtres... des fenêtres, pour voir passer ce vieux barbare !...

JONAS, regardant les balcons.

Je voudrais bien en avoir quelques-unes à louer, cela ne m'ennuierait pas du tout, au contraire.

(Un général russe et un vieillard en costume d'émigré paraissent à droite.)

SCÈNE III

LES PRÉCÉDENTS, LE GÉNÉRAL RUSSE
LE VIEILLARD

LE VIEILLARD.

Ainsi, général, c'est une chose positive : je puis en informer le Comité royaliste.

LE GÉNÉRAL.

Oui, monsieur le comte. Nous sommes aujourd'hui le 10 septembre. Le 16 et le 17 l'armée se concentrera à Bellinzona. Le 19 nous attaquerons le Saint-Gothard; le 20 et le 21 nous pousserons l'ennemi dans la vallée de la Reuss; le 22 nous serons maîtres d'Altorf, où Linken et Jellachich doivent nous attendre; le 24 nous battrons Masséna, et six semaines après nous entrerons à Paris.

LE COMTE.

Dieu vous entende, général.

LE GÉNÉRAL.

Il n'y a pas le moindre doute à concevoir. Tout a été prévu par le feld-maréchal; les ordres les plus précis ont été expédiés au général Korsakow d'attaquer Masséna de front le 24, pendant que nous le prendrons à revers....

LE COMTE.

Je vous crois, général... J'ai la confiance la plus absolue dans le génie de l'illustre feld-maréchal Souworow... mais cette marche de toute une armée, — qui traîne des canons et des bagages, — à travers les plus hautes montagnes de l'Europe, où l'ennemi s'est fortifié depuis deux mois, me paraît tellement extraordinaire...

LE GÉNÉRAL, souriant et lui posant la main sur le bras.

Nous connaissons exactement la force et les positions de l'ennemi. L'officier qui a porté à Korsakow les ordres du feld-maréchal a traversé, en revenant, la vallée de la Reuss et le massif du Saint-Gothard. Il a tout vu !... Quant aux bagages, à la grosse artillerie, ils fileront, sur les Grisons, par Chiavenna. Nous ne prendrons avec nous que les pièces de montagne, transportables à dos de mulet. — Je vous le répète, monsieur le comte, vous pouvez écrire au Comité royaliste de se tenir prêt à nous appuyer vigoureusement... Qu'il envoie des agents en Alsace et en Lorraine... Qu'il prépare un mouvement à Paris.

LE COMTE.

Général, les royalistes sont prêts; ils n'attendent que l'entrée du feld-maréchal Souworow en France, pour courir aux armes et proclamer Sa Majesté Louis XVIII. Nos agents remplissent les administrations; nous avons des intelligences dans les ministères et dans le Directoire : si l'armée de Masséna manque de vêtements et de vivres, si elle meurt littéralement de faim au milieu des neiges de la Suisse, c'est au Comité royaliste qu'en revient l'honneur. Du reste, la France est lasse de ce ridicule système de liberté et d'égalité.

LE GÉNÉRAL.

En ce cas, tout ira plus vite encore que nous ne l'espérions. (Tendant la main au comte.) Au revoir donc, monsieur le comte; à bientôt.

LE COMTE, lui serrant la main.

Au revoir, général.

(Le général s'éloigne.)

LE GÉNÉRAL, se retournant au moment de sortir, et criant.

A Paris... dans six semaines...

LE COMTE.

A Paris !...

(Le général fait de la main un geste d'adieu et sort par la gauche; le comte se perd dans la foule. Jonas et Zampieri ont entendu les dernières paroles du vieillard et du général.)

SCÈNE IV

JONAS, ZAMPIERI, MARIETTA

JONAS.

Il paraît qu'ils marchent sur Paris.

ZAMPIERI.

Oui, depuis qu'ils ont gagné deux ou trois batailles, ces Russes ne doutent plus de rien.

MARIETTA.

C'est bien loin, Paris?

ZAMPIERI.

Derrière les Alpes... A deux cents lieues plus loin que la Suisse.

MARIETTA.

Pauvres gens !

ZAMPIERI.

Je te conseille de les plaindre ; ils n'avaient qu'à rester chez eux.

(Rumeurs au fond, cris : — Voici les grenadiers !)

VOIX NOMBREUSES.

Vivent les grenadiers de Rymnik!... Vivent les vainqueurs de la Trebia!...

(On voit défiler une colonne de grenadiers.)

CRIS A GAUCHE, dans la rue.

Halte!... Arrêtez!...

ZAMPIERI.

Qu'est-ce que c'est?

JONAS, faisant quelques pas dehors, puis rentrant.

Un encombrement dans la rue des Foins.

ZAMPIERI.

Comment passer avec des bagages dans une rue pareille? un véritable boyau!

JONAS.

Ça les regarde; ils en verront bien d'autres en Suisse, sans parler des coups de canon.

(On voit paraître à droite une charrette. Sur la charrette est assise contre une tonne, des sacs et un chaudron, une vieille femme, toute grise et toute ridée; c'est Hattouine la cantinière. Une jeune fille, Ivanowna, tient le cheval par la bride. Tout le monde regarde.)

SCÈNE V

LES PRÉCÉDENTS, HATTOUINE, IVANOWNA

HATTOUINE, criant avec colère.

Hue !... hue donc !...

IVANOWNA.

Attendez, mère Hattouine, la rue est fermée là-bas.

HATTOUINE, criant.

Qu'on démolisse la rue !... qu'on démolisse la rue ! Les grenadiers de Rymnik ne doivent jamais être arrêtés... Hue ! hue !...

ZAMPIERI.

Oh ! la vieille sorcière !... vous l'entendez ?

JONAS, riant.

C'est la plus vieille cantinière de l'armée russe, maître Zampieri. L'autre jour, à la caserne Saint-Joseph, je me suis laissé dire qu'elle a fait toutes les guerres depuis soixante ans, en Prusse, en Turquie, en Crimée, en Pologne, et que Souworow l'aime comme ses yeux.

ZAMPIERI.

S'il aimait la petite, à la bonne heure, je comprendrais ça. C'est la fille de cette vieille?

JONAS.

Non, c'est une Polonaise. La mère Hattouine l'a adoptée au pillage de je ne sais quelle ville. Voilà du moins ce que m'a raconté le chirurgien des grenadiers de Rymnik.

ZAMPIERI.

La jolie créature !

(L'encombrement augmente. Ivanowna tire le cheval par la bride hors de la foule, du côté de l'échoppe de Zampieri. Au même instant, un jeune officier russe, à cheval, fend la presse et s'arrête près de la charrette.)

SCÈNE VI

LES PRÉCÉDENTS, IVANOWITCHE

IVANOWITCHE.

Hé ! vous voilà... je vous cherche depuis une heure.

HATTOUINE.

Est-ce que tu n'es pas à l'avant-garde ?

IVANOWITCHE.

Oui, et c'est justement pour cela que je voulais vous voir. Qui sait si je vous rencontrerai d'ici quinze jours.

HATTOUINE.

Ce n'est pas pour moi que tu viens ?

IVANOWITCHE, tendant la main à Ivanowna.

Non ! pas tout à fait, *matouchka* *.

HATTOUINE.

Oh ! le gueux, il ose encore le dire ! —Allons, embrasse-la, va... il n'y a pas de mal.

IVANOWITCHE, tenant toujours la main de la jeune fille.

Veux-tu, Ivanowna ?

IVANOWNA.

Oh ! oui !...
(Elle met le pied sur la botte d'Ivanowitche ; il l'attire à lui et l'embrasse.)

HATTOUINE, riant.

Ah ! ah ! ah !

* Mère.

IVANOWITCHE, riant aussi.

Maintenant je suis content... je puis m'en aller. Rien ne vous manque pour la route, Ivanowna.

IVANOWNA.

Non, rien, Ivanowitche.

HATTOUINE.

J'ai ma tonne pleine d'eau-de-vie, mon sac rempli de farine, et mon chaudron plein de lard. Qu'est-ce qu'il nous faut de plus ?

IVANOWITCHE.

Oui, *matouchka*, tout ira bien, nous arriverons à Paris, et là-bas, nous ferons le mariage.

HATTOUINE.

Quand tu seras capitaine, Ivanowitche; rappelle-toi ce que je t'ai dit : pas avant!

IVANOWITCHE.

Oh! soyez tranquille, je serai capitaine !... Nous allons avoir des batailles en Suisse. (Il tient toujours la main d'Ivanowna.) N'est-ce pas, Ivanowna, le pope de Paris nous mariera?

IVANOWNA.

Si la mère Hattouine le veut... moi, je serai bien contente.

HATTOUINE.

Quand il sera capitaine! Je vous donnerai mes âmes en Esthonie; vous aurez cinquante âmes qui travailleront pour vous. Mais je veux qu'il soit capitaine.

IVANOWITCHE.

Hé! si je ne le suis pas bientôt, ce ne sera pas ma faute. (On entend la voix d'Ogiski à gauche.)

OGISKI.

Histoire de Souworow!... Qu'est-ce qui demande l'histoire d'Alexandre - Basilowitche Souworow, généralissime des armées du tzar Paul; vainqueur de Cassano, de la Trebia, de Novi! Qu'est-ce qui veut l'histoire de Souworow l'invincible?...

IVANOWITCHE, regardant par-dessus la foule, et levant la main.

Hé! par ici... par ici... l'histoire de Souworow.

OGISKI, fendant la presse.

On demande l'histoire de Souworow?

IVANOWITCHE.

Oui, par ici.

SCÈNE VII

LES PRÉCÉDENTS, OGISKI

OGISKI, présentant la feuille à Ivanowitche.

Voici, capitaine, l'histoire de l'illustre feld-maréchal.

HATTOUINE, riant.

Il t'appelle capitaine, Ivanowitche, ça vaut deux *kopecks* de plus.

IVANOWITCHE.

Et je veux qu'il les ait. Tiens, mon brave.

OGISKI.

Merci, commandant.

IVANOWITCHE.

Ah! le gueux, il va m'appeler général, il faudra que je lui donne ma bourse. (Pliant la feuille. — A Ogiski.) Tu n'es cependant pas Italien?

OGISKI.

Pardon, colonel !

IVANOWITCHE, secouant la tête.

Un Italien avec des cheveux blonds et des yeux bleus ! Regardez-moi ce gaillard-là, mère Hattouine. Vous avez vu des figures de tous les pays depuis soixante ans, est-ce qu'il n'a pas une tête de Slave ?

HATTOUINE, regardant Ogiski.

C'est pourtant vrai !

OGISKI, à Hattouine.

Votre Seigneurie me fait trop d'honneur !

IVANOWITCHE, riant.

Ah ! voilà qui tranche la question ! Du moment qu'il appelle la vieille *matouchka :* Votre Seigneurie ! — ça ne peut être qu'un Italien.

HATTOUINE, riant.

Oui... oui... c'est un véritable Italien... Ah ! le gueux... Il me fait du bon sang !...

(Ils se mettent tous à rire. Ogiski salue et sort par la droite, en criant :
— Histoire de Souworow, etc. — Le défilé recommence.)

IVANOWITCHE, tendant le papier à Ivanowna.

Tiens, Ivanowna, tu liras ça à la mère Hattouine le soir, au bivouac, ça lui rappellera ses anciennes campagnes. Et maintenant, en route! Je vous ai vues, rien ne vous manque, je pars tranquille... Allons, Ivanowna, allons, *matouchka!*...

(Il leur serre la main et part.)

IVANOWNA, criant.

Tu viendras nous voir en chemin.

IVANOWITCHE, se retournant et agitant la main.

Oui... oui... quand je pourrai... Chaque fois...

(Il disparaît à gauche.)

SCÈNE VIII

LES PRÉCÉDENTS, moins IVANOWITCHE et OGISKI

JONAS, à Zampieri.

Un gaillard qui m'a l'air heureux!

ZAMPIERI.

Je crois bien, il a de bonnes raisons!...

JONAS, voyant les grenadiers défiler.

Voilà que tout se remet en marche, la rue des Foins est débouchée.

HATTOUINE.

Hue! hue! passe-moi la trique, Ivanowna; cette vieille bique ne va plus.

IVANOWNA.

Oh! non, nous ne sommes pas si pressés.

(La charrette sort. La foule augmente sur la place.)

JONAS, montrant les grenadiers.

De beaux hommes! ces grenadiers russes, maître Zampieri.

ZAMPIERI.

Oui, mais quand on pense que dans un mois ou deux, la moitié, peut-être les trois quarts seront exterminés...

JONAS.

Que voulez-vous? Chacun sa partie.

(Les cloches de la cathédrale s'ébranlent. Des cavaliers russes paraissent à droite, conduisant par la bride des chevaux richement caparaçonnés Grande rumeur, cris : «Faites place !... Faites place !...» Des troupes entrent et se rangent en bataille à droite et à gauche, en faisant refluer le monde dans les rues voisines.)

ZAMPIERI.

Voici la fin du *Te Deum*.

JONAS.

Oui, il est temps que je m'en aille. On va cerner la place, pour le passage de Souworow. Ainsi, c'est entendu, maître Zampieri, j'apporterai les habits chez vous?

ZAMPIERI.

Après le départ des Russes. Quant aux pompons et aux épaulettes, vous pouvez les garder, ça ne vaut pas une bonne prise de tabac.

(Il présente sa tabatière à Jonas; tous deux prennent une prise en riant.)

JONAS.

Allons, bonjour, mademoiselle Marietta, bonjour Zampieri.

MARIETTA.

Bonjour, signor Jonas!

(Il sort par la droite. Zampieri se rapproche de sa boutique. Au même instant, les portes de la cathédrale s'ouvrent tout au large, les chants de l'église débordent sur la place. Les fenêtres, les balcons se garnissent de curieux. Des milliers de cris : « Vive Souworow! » s'élèvent. La foule se tasse. Des officiers autrichiens en petite tenue sortent du café à droite, et se rangent devant les fenêtres; d'autres paraissent au balcon. La porte de la maison attenante à celle de Zampieri s'ouvre; des voisins et des voisines en sortent. Ogiski paraît au fond, son paquet de brochures sous le bras.)

SCÈNE IX

ZAMPIERI, MARIETTA, OGISKI, OFFICIERS AUTRI-
CHIENS, VOISINS ET VOISINES

UNE VOISINE.

Maître Zampieri, laissez-nous regarder sous votre échoppe.

ZAMPIERI.

Ne vous gênez pas, voisine, que personne ne se gêne ; seulement, prenez garde qu'on n'enlève quelque chose.

LA VOISINE.

Soyez tranquille, nous veillerons.

(Les nouveaux venus se placent derrière les piliers. Silence. L'orgue se fait entendre.)

UN MAJOR AUTRICHIEN,
à un de ses camarades qui entre par la droite.

Vous n'assistez donc pas au *Te Deum* de l'illustre généralissime, capitaine Braun?

LE CAPITAINE.

Hé! que voulez-vous, mon cher commandant, les propos de l'invincible Souworow sur l'armée autrichienne sont difficiles à digérer. Depuis sa grande manœuvre de Novi...

UN OFFICIER, avec ironie.

Oh! la belle manœuvre!

LE MAJOR.

Formez trois colonnes massives; faites détruire la première, mitrailler la seconde, et la troisième entrera. Avec soixante mille hommes, vous en écraserez vingt mille. Barbare!

UN VIEIL OFFICIER.

Barbare si l'on veut, major, mais barbare de génie. Il a découvert cela, c'est quelque chose.

LE MAJOR.

C'est vrai, il a le génie de l'insolence. (s'animant.) Comment! traiter de vieux soldats, de vieux officiers, qui n'ont jamais reculé devant le devoir, qui, dans cinq campagnes, ont soutenu l'honneur de leur drapeau, contre des généraux tels que Bonaparte, Hoche, Jourdan, Moreau, les traiter de petits-maîtres... dire qu'on mettra les petits-maîtres à la porte... Et cela quand on arrive le dernier, pour jeter lourdement ses baïonnettes dans la balance. Allons donc... Allons donc... du génie !...

LE CAPITAINE.

Patience, major, patience, l'illustre généralissime part pour la Suisse ; il va faire sa grande manœuvre en présence de Masséna...

CRIS, sur la place.

Vive Souworow ! vive Souworow !

(Souworow paraît sur les marches de la cathédrale, entouré d'une foule d'officiers russes. C'est un petit vieillard d'apparence faible et délicate, la bouche grande, l'œil perçant, la figure et surtout le front couvert de rides innombrables, dont la mobilité donne à sa physionomie un caractère bizarre. Il est vêtu d'une culotte, d'un gilet et d'un habit de bazin blanc. Un petit casque de feutre, garni de franges vertes, coiffe sa tête chauve ; de hautes bottes à retroussis lui montent jusqu'au-dessus des genoux. Il est tellement maigre et fluet, que ses habits ont l'air de tenir à peine sur lui, et que son grand sabre traînant, suspendu à un ceinturon, fait pencher son corps à gauche.)

LA VOISINE, debout devant l'échoppe.

Le voilà !... c'est lui... le voilà !... Seigneur Dieu, que de monde... Il descend des marches... C'est le vieux blanc qui monte à cheval... Vous le voyez, Marietta ?

MARIETTA.

Oh ! oui... qu'il est beau !...

(Redoublement d'enthousiasme.)

CRIS INNOMBRABLES.

Vive Souworow!... Vive le vainqueur de la Trebia!... (Le chant de l'orgue cesse, grand silence.)

UN OFFICIER RUSSE A CHEVAL, accourant du fond.

Portez armes!... Présentez armes!...

(Les tambours battent aux champs, Souworow, entouré de son état-major, s'avance au pas.)

CRIS IMMENSES.

Vive Souworow! Vive Souworow! Vive le vainqueur de Novi! Vive le libérateur de l'Italie! Vive le sauveur de la religion!

LE CAPITAINE AUTRICHIEN.

Si tu n'es pas content, Souworow, tu seras difficile...

NOUVEAUX CRIS.

Vive Souworow Italikski!...

(Les femmes agitent leurs mouchoirs aux balcons, et jettent des couronnes. C'est un enthousiasme indescriptible.)

UNE FEMME DU PEUPLE, levant son enfant des deux mains.

Regarde, enfant... regarde... c'est Souworow!...

LE MAJOR AUTRICHIEN.

Voyez donc le vieux Cosaque... sa figure éclate d'orgueil.

OGISKI,
debout sur une table, d'une voix éclatante, en agitant son chapeau.

Vive Souworow l'invincible !...

LA FEMME.

Tu l'as vu, Antonini !... Tu l'as vu, mon enfant ?... Il faut te rappeler...

ZAMPIERI, riant.

Cela lui fera des rentes !...

(Arrivé sur le front de la bataille, Souworow lève la main. Les tambours cessent, le silence s'établit.)

LE MAJOR AUTRICHIEN.

Peuple stupide... Allons-nous-en, capitaine.

LE CAPITAINE.

Mais non ! Voici le plus beau... Il va se vanter comme un charlatan... C'est lui qui aura gagné toutes les batailles... Nous n'aurons rien fait, nous autres...

CRIS dans la foule.

Silence ! silence !...

(La voix d'Ogiski domine toutes les autres.)

LE MAJOR AUTRICHIEN.

Cette comédie me dégoûte...

(Il rentre dans le café. — Silence profond.)

2.

SCÈNE X

LES PRÉCÉDENTS, SOUWOROW,
au milieu de son état-major, sur le front de bataille.

SOUWOROW, d'une voix éclatante.

Soldats de la sainte Russie! le tzar Paul, notre père, nous avait envoyés en Occident, pour délivrer l'Italie du joug des athées républicains et rétablir l'ordre légitime. Les républicains sont vaincus, l'Italie est libre, les princes remontent sur leurs trônes! En quatre mois, nous avons livré six combats, pris huit places fortes et gagné trois grandes batailles. Ces terribles républicains, qui faisaient trembler la vieille Europe, qui avaient battu tant de fois les armées autrichiennes, qui parlaient de détrôner Dieu lui-même! nous les avons écrasés à Cassano, nous les avons écrasés à la Trebia, nous les avons écrasés à Novi!—Autant de victoires que de rencontres!— Le monde a vu les athées fuir comme des lièvres... Où sont-ils maintenant? Ceux qui ont échappé au dernier désastre se cachent dans les Apennins; ils n'osent plus affronter nos baïonnettes!

TOUS LES SOLDATS.

Vive Souworow!... Vive le père Souworow!

(Acclamations de la foule qui n'en finissent plus. La figure de Souworow, jusqu'alors impassible, s'anime tout à coup, ses joues tremblent, ses yeux brillent.)

LE CAPITAINE AUTRICHIEN, à ses camarades.

Eh bien, vous l'entendez... J'en étais sûr... Il a tout fait... tout écrasé... L'armée autrichienne....

VOIX NOMBREUSES DANS LA FOULE.

Silence... silence... Chut!... Écoutez!

(Le silence se rétablit.)

SOUWOROW, d'une voix vibrante.

Soldats! le tzar est content de vous!—Ce que nous avons si bien commencé, il nous ordonne de le finir : Il nous ordonne d'aller rejoindre Korsakow en Suisse, d'écraser la dernière armée républicaine, comme nous avons écrasé les autres, de marcher sur Paris et de rétablir le roi Louis XVIII sur son trône. Préparez-vous donc à de nouveaux combats, et purifiez vos âmes par la prière. Nous avons des montagnes à gravir, des torrents et des lacs à traverser, des marches forcées à faire, des batailles à livrer au milieu des neiges ; mais nous triompherons de tous les obstacles, parce que Dieu est avec nous : C'est sa cause que nous défendons, c'est la cause des rois, de la vérité et de la justice !... Heureux celui qui combat pour la justice, heureux celui qui verse son sang pour le tzar, heureux celui qui tombe pour le Seigneur : Tous ses péchés lui seront remis... il jouira de la vie éternelle !... (Tirant son sabre, et poussant son cheval d'un geste fébrile.) Frères ! la dernière heure des républicains est venue... En avant... Et hourra ! pour la sainte Russie !...

TOUS LES SOLDATS,
levant leurs bonnets au bout des baïonnettes

Hourra ! pour la sainte Russie !... Hourra ! En avant !... A Paris ! à Paris !...

(Les officiers brandissent leurs épées. Un coup de canon retentit. Le défilé commence au milieu des acclamations de la foule et des cris des soldats : « A Paris ! à Paris ! » Cavalerie, artillerie, infanterie, tout s'ébranle. Les couronnes pleuvent des fenêtres, les mouchoirs s'agitent. — Marche guerrière.)

DEUXIÈME TABLEAU

LE QUARTIER GÉNÉRAL DE MASSÉNA

Scène de nuit au quartier général de Masséna, sur le mont Albis. C'est une grande salle à la mode suisse, boisée de sapin. Vaste cheminée à droite, où brille un bon feu. Fenêtres nombreuses et rapprochées au fond. Portes à droite et à gauche. Les fenêtres du fond sont ouvertes, et laissent voir dans la nuit les feux de l'armée ennemie, qui scintillent sur le lac de Zurich. A mesure que le jour arrive, on distingue mieux le paysage, la ville, la Limmat, les positions de l'armée austro-russe. Masséna est en reconnaissance avec le chef d'état-major Oudinot; des officiers rédigent ses ordres sur une grande table en sapin ; le sous-chef d'état-major Rheinwald les parcourt, les signe et les expédie.

SCÈNE PREMIÈRE

RHEINWALD, ZERNEST

Officiers d'état-major. Quelques hussards dehors, leurs chevaux en main et prêts à partir. Groupes de paysans et de paysannes dans l'attente, sur les côtés.

RHEINWALD, après avoir parcouru un ordre, appelant.

Chaussier ?

UN HUSSARD, entrant.

Voilà, mon général.

RHEINWALD, signant et cachetant.

Vous allez porter ça, d'un temps de galop, à Bremgarten. Vous direz au bourgmestre que si la réquisition n'est pas prête au petit jour, il recevra notre visite... Vous m'entendez ?

LE HUSSARD.

Oui, mon général. (Il sort.)

RHEINWALD, prenant un second ordre et le parcourant.

Ces braves Suisses se figurent que les armées de la République peuvent vivre de l'air du temps. (Appelant.) Maréchal des logis Trubert ! (Un maréchal des logis de hussards entre.) Combien avez-vous d'hommes ?

LE MARÉCHAL DES LOGIS.

Cinq hommes de l'escadron, mon général.

RHEINWALD, signant.

Cela suffit. Vous allez prendre à Mellingen un convoi de poudre. Voici l'ordre que vous remettrez au chef du parc d'artillerie Vaubois ;

vous escorterez les six fourgons jusqu'aux avant-postes de Dietikon, sans retard.

LE MARÉCHAL DES LOGIS, s'en allant.

C'est bon, mon général.

RHEINWALD, criant.

Ayez l'œil à ce que vos hommes ne fument pas leur pipe.

LE MARÉCHAL DES LOGIS, sortant.

On connaît la consigne.

RHEINWALD, appelant.

Michau ?

UN CHASSEUR, entrant.

Mon général.

RHEINWALD.

Tu sais lire ?

LE CHASSEUR.

Oui, mon général.

RHEINWALD, lui présentant deux ordres.

Lis ça.

LE CHASSEUR, lisant.

Au chef d'escadron Foy. Au commandant Barré.

RHEINWALD, riant.

Tu lis comme un ancien. Eh bien, tu vas porter ces deux ordres au chef d'escadron Foy à Dietikon, et au commandant Barré à Brugg. Dans trois heures, il faut que chacun ait son affaire. Tâche de ne pas te tromper.

LE CHASSEUR, s'en allant.

Pas de danger... c'est trop bien écrit.

RHEINWALD, se levant, à Zernest.

Eh bien, tous vos ordres sont expédiés, commandant?

ZERNEST.

Oui, général.

RHEINWALD,
apercevant les paysans qui regardent aux fenêtres, dehors.

Hé! maréchal des logis Forbin, écartez donc ces gens-là. Tout à l'heure ils vont nous envahir.

(On écarte les paysans.)

ZERNEST.

La faim les enhardit.

RHEINWALD.

Ils ne trouveront rien ici... Nous sommes

aussi pauvres qu'eux! (se promenant.) C'est égal, on a beau dire, la République ne nous dore pas sur tranches; le vertueux Barras compte un peu trop sur la bêtise du soldat.

ZERNEST.

Quel tas de gueux, ce Directoire! Quand nous sommes ici depuis six mois, — la dernière armée de la République, — nous laisser périr de faim... nous payer avec du papier dont personne ne veut plus!

RHEINWALD.

Eh! ce n'est pas le Directoire qu'il faut accuser, c'est le ministre de la guerre, Bernadotte. Cet homme-là nous a fait plus de mal que toute l'armée autrichienne.

ZERNEST.

Il espérait décourager Masséna, et lui succéder dans le commandement.

RHEINWALD.

Oui !... ce Gascon ne doute plus de rien, depuis qu'il s'est allié à la famille Bonaparte.

(On entend au loin le cri de : — « Qui vive ! »—Rheinwald s'arrête.)

UN OFFICIER, qui vient de sortir, rentrant.

Un courrier sur la route de Bâle.

RHEINWALD, reprenant sa promenade.

Les courriers ne manquent pas ; c'est plus facile à nous expédier que des espèces.

ZERNEST, à la fenêtre.

Il arrive au quartier général.

RHEINWALD, riant.

Il nous apporte l'ordre de livrer bataille ; ce sera le troisième depuis un mois.

(Le courrier s'arrête devant les fenêtres. Il descend de cheval.)

SCÈNE II

LES PRÉCÉDENTS, LE COURRIER, en grosses bottes.

RHEINWALD.

Hé ! c'est mon vieux Chabot !

LE COURRIER.

Rheinwald ! (Ils s'embrassent ; puis, le courrier se retournant :) Zernest, Aiguillau, Guérin, ah ! ah ! ah ! les anciens, comme vous voilà faits ! (Il regarde autour de la salle.) Ça ne ressemble guère à la chancellerie!

RHEINWALD.

Tu viens de Paris?

LE COURRIER.

En ligne droite : parti le 5e jour complémentaire de l'an VII, à six heures du matin, arrivé à Bâle hier soir, 2 vendémiaire, ou comme disent les muscadins : 23 septembre 1799.

RHEINWALD.

C'est bien marché!

LE COURRIER.

C'est-à-dire que je suis moulu.

RHEINWALD.

Assieds-toi là, près du feu, allonge tes jambes, sèche tes bottes.

LE COURRIER.

Mais dites donc, je voudrais être débarrassé de ma dépêche... Est-ce que je ne pourrais pas voir le général en chef?

ZERNEST.

Il est en reconnaissance, avec Oudinot.

RHEINWALD, riant.

Une dépêche du Directoire ?... (Il ouvre un tiroir.) Tiens, regarde, Chabot, il n'en manque pas.

LE COURRIER.

Qu'est-ce que c'est?

RHEINWALD.

C'est l'ordre de livrer bataille. Sais-tu ce que Masséna va te répondre?

LE COURRIER.

Quoi?

RHEINWALD, imitant l'accent méridional de Masséna.

Je ne veux pas livrer bataille; je veux gagner la bataille. Si quelqu'un veut perdre la bataille, que le Directoire l'envoie... Voici ma démission! moi je ne veux pas risquer la dernière armée de la République... Je veux gagner la bataille!

LE COURRIER.

Ah! voilà ce qu'il répond?

RHEINWALD.

Depuis trois mois, ça n'a pas changé... Mais il te dira encore autre chose.

LE COURRIER.

Qu'est-ce qu'il me dira?

RHEINWALD, imitant l'accent de Masséna.

Si vous m'apportez de l'argent, soyez le bienvenu! Il me faudrait du renfort, il me faudrait des chevaux, il me faudrait des vivres, il me faudrait des munitions, il me faudrait de l'argent. Si vous m'apportez de l'argent, soyez le bienvenu, mais si vous ne m'apportez pas d'argent... hé! laissez-moi tranquille!

LE COURRIER, se grattant la nuque.

Je ne pense pas avoir d'argent dans ma dépêche.

RHEINWALD, riant.

Oh! ne t'inquiète pas, je la mettrai dans le tiroir, et tout sera dit! — Mais raconte-nous donc un peu ce qui se passe à Paris, nous n'avons pas de nouvelles, nous autres.

LE COURRIER.

A Paris... à Paris... tout suit son train ordinaire.

ZERNEST.

Les journaux, les courses au bois de Boulogne, les représentations du *Jeune Henri*, de *Phrosine et Mélidor ?*

LE COURRIER.

Oui, c'est toujours la même histoire; cela devient monotone en diable.

UN JEUNE OFFICIER.

Cette monotonie-là vaut bien la nôtre.

RHEINWALD.

Et les muscadins assomment toujours les patriotes?

LE COURRIER.

Parbleu, maintenant qu'ils attendent les Russes ! (Silence.)

RHEINWALD, après s'être promené quelque temps tout pensif.

Ah! mon pauvre Chabot, il est loin déjà le temps où nous quittions notre village, le vieux mousquet sur l'épaule; où tout marchait, hommes et femmes, aux cris de la patrie en danger! Les muscadins, dans ce temps-là, étaient bien petits.

ZERNEST.

Ils le seraient encore, si nous avions les

quarante mille vieux soldats que Bonaparte a emmenés en Égypte!

RHEINWALD, se promenant.

Oui, nous n'aurions perdu ni Cassano, ni la Trebia, ni Novi... La France ne serait pas menacée d'une invasion... Mais Bonaparte voulait de la gloire... (Avec amertume.) Ah! ce Bonaparte!

(Silence.)

LE COURRIER, se levant.

Enfin, d'après tout cela, vous ne nagez pas positivement dans l'abondance.

RHEINWALD,
allant à la fenêtre et montrant les malheureux paysans qui sont revenus.

Dans l'abondance?... Regarde! Ce n'est pas assez de souffrir le froid, la faim, de traîner sa guenille, de risquer sa peau tous les jours, il faut encore avoir ce spectacle sous les yeux.

LE COURRIER, regardant.

Qui ça?

RHEINWALD.

Les paysans ruinés par la guerre : des femmes, des enfants, des vieillards, qui viennent nous demander du pain, réclamer contre le soldat, affamé lui-même. Il faut se durcir le cœur, se rappeler à chaque instant qu'on défend la France ; qu'après soi tout est perdu ; que les émigrés reviennent à la suite des Cosaques, avec leurs titres et priviléges apostillés par le tzar ! Voilà, Chabot, voilà l'œuvre du Directoire, et de son ministre Bernadotte.

LE COURRIER.

Ce n'est pas gai.

RHEINWALD.

Comment veux-tu que ce soit autrement, avec des départements qui doivent livrer des denrées, et qui ne livrent rien ; avec une régie qui doit manutentionner, et qui ne confectionne rien; avec une compagnie particulière qui doit fournir des vivres, et qui renonce au service; avec la fourniture des fourrages laissée aux Suisses, qui voudraient nous voir au diable? Est-ce de cette manière qu'on peut obtenir cent mille rations par jour?

ZERNEST.

Avec tout cela, pas de solde depuis deux

mois, des agents royalistes répandus par centaines pour décourager les troupes; l'archiduc Charles qui nous presse au centre, Korsakow, Hotze, Linken, Jellachich, qui menacent nos ailes, et les trois quarts de la République helvétique, qui n'attendent que l'occasion de nous tomber sur le dos.

LE COURRIER.

Enfin, malgré tout, notre ligne de défense est bonne.

RHEINWALD.

Oui, le jour vient, tu peux en juger toi-même. (Ils vont aux fenêtres.) Tu vois cette nappe blanche, en face de nous?

LE COURRIER.

Oui.

RHEINWALD.

C'est le lac de Zurich; la ville au bout, à gauche... Plus loin, sur notre droite, se trouve le lac de Wallenstatt, à une dizaine de lieues. Entre ces deux lacs coule la Linth. Le centre de notre position est ici, sur la chaîne du mont

Albis. A gauche, cette rivière qui traverse Zurich, en sortant du lac, c'est la Limmat.

LE COURRIER.

Je vois très-bien, Rheinwald.

RHEINWALD.

Eh bien ! les Autrichiens et les Russes occupent Zurich, l'autre côté des deux lacs et des deux rivières, la Linth et la Limmat. Ils reçoivent des grains, du bétail, des fourrages et des munitions d'Allemagne. Nous autres, nous avons les rochers, les neiges et les torrents de la Suisse à dos, et nous ne recevons rien de France, que des ordres de livrer bataille !

LE COURRIER.

Raison de plus pour attaquer tout de suite ; plus on attendra, plus la famine grandira.

RHEINWALD.

Oui, tu crois qu'il vaudrait mieux se casser le cou tout de suite ! Mais ce n'est pas l'avis de Masséna, ni le nôtre. Pour attaquer, il faudrait descendre des collines, et traverser les deux rivières, et les marais à droite et à gauche des lacs, sous le feu de l'ennemi. Tu comprends, Chabot, que ce n'est pas aussi facile que d'avaler sa demi-tasse au café Procope.

LE COURRIER.

Alors, pour trancher le mot, la République est enfoncée !...

ZERNEST.

Une chose nous sauve : depuis sa bataille de Novi, Souworow se fait donner des fêtes à Turin, il ne profite pas de sa victoire.

LE COURRIER.

Mais si, par malheur, il avait l'idée de venir en Suisse rejoindre Korsakow?

RHEINWALD.

Lecourbe, Gudin, Loison et Molitor sont bien là-bas, dans les glaces du Saint-Gothard, avec onze mille hommes pour l'arrêter au besoin; mais si, par malheur la jonction s'opérait, ce serait notre coup de grâce.

LE COURRIER.

Jamais ce fou sauvage n'aura d'idée pareille.

UNE VOIX, dehors.

Qui vive ?

ZERNEST, allant aux fenêtres.

La reconnaissance est terminée ; voici le général en chef.

(Aussitôt le courrier se lève. Un groupe d'officiers d'état-major à cheval paraît à quelque distance, en face des fenêtres. Les paysans se précipitent à sa rencontre, en criant d'une voix lamentable. Tumulte au dehors. La salle se remplit d'officiers ; quelques paysans et paysannes se trouvent dans le nombre.)

SCÈNE III

LES PRÉCÉDENTS, OFFICIERS D'ÉTAT-MAJOR,
MASSÉNA, poursuivi par les malheureux.

UN PAYSAN.

Général ! au nom de Dieu, général...

(Il veut l'arrêter.)

MASSÉNA.

Qu'est-ce que ces gens-là ?... Qu'est-ce que tout cela ? J'avais déjà dit...

UN AUTRE PAYSAN.

Général, le village tout entier vient d'être pillé... J'arrive...

MASSÉNA.

J'avais déjà dit d'écarter ce monde... Ils viennent me redemander leurs vaches, leurs chevaux, leur foin, leur paille... (Apercevant une vieille femme et sa fille, à genoux devant lui, il s'arrête en s'écriant :) Mon Dieu, que voulez-vous que j'y fasse? (s'attendrissant.) On les a pris... on les a mangés... On avait faim !... Que voulez-vous?... moi, je ne suis pas un dieu... Je ne peux pas empêcher les soldats d'avoir faim !...

LA VIEILLE FEMME, en sanglotant.

Général, on nous a tout pris... Je suis vieille... J'ai toujours travaillé pour vivre... maintenant faut-il apprendre à mendier ?

MASSÉNA, ému.

Qui vous a pillé, brave femme, dites ?

LA FEMME.

Vos soldats...

MASSÉNA.

De quel bataillon ?

LA FEMME.

Je ne sais pas... Je n'ai pas regardé... ma pauvre enfant criait... (La fille sanglote.)

MASSÉNA.

Quelle est votre village ?

LA FEMME.

Le hameau de Weerde.

MASSÉNA, à Rheinwald.

Général, vous saurez ce qui s'est passé là... Je veux qu'on me fasse un rapport demain... je veux... (Attendri.) Pauvre vieille mère !... Pauvre fille !... Ils seront fusillés !... mais après... après ? (S'éloignant.) La guerre !... Oh ! la guerre !...

(Deux sentinelles entrent, et font évacuer la salle par les paysans.)

SCÈNE IV

LES PRÉCÉDENTS, moins LES PAYSANS

RHEINWALD, présentant le courrier à Masséna.

Un courrier du Directoire.

MASSÉNA.

Un courrier !... S'il nous apporte de l'argent, il est le bienvenu... Oui, le fameux million qu'on nous promet depuis cinq mois, s'il arrive, est le bienvenu (Lisant la dépêche.) Ah! je sais... je sais... on m'a déjà prévenu : le général Muller assiége Philipsbourg... Les Autrichiens feront sans doute un détachement, pour sauver cette place... Ce sera autant de moins le jour de la bataille ! (Tendant la dépêche à Rheinwald.) Tenez, Rheinwald, ce n'est pas de l'argent... mais c'est quelque chose !... (Regardant le feu.) Un beau feu! Allons, messieurs, allons, c'est bien.

(Les officiers qui accompagnaient Masséna sortent.)

RHEINWALD.

Général, faut-il donner des ordres pour introduire ici?...

MASSÉNA.

Oui, je reste, ce beau feu me réjouit. Qu'on fasse venir les ordonnances, les prisonniers, et que les autres s'en aillent... qu'ils s'en aillent tous! (Il jette son manteau et son chapeau sur une chaise. Tout le monde sort, à l'exception de Rheinwald.) Rheinwald, vous écrirez!... Oudinot ne rentrera pas cette nuit... Il surveille le transport des barques, à Dietikon... C'est une opération délicate... Mais demain tout sera prêt, et si l'occasion se présente!...

(Il s'assied, les jambes étendues en face du feu, et bâille dans sa main d'un air rêveur. Deux factionnaires se promènent derrière les fenêtres, qu'un aide de camp a fermées avant de sortir. Rheinwald prend un registre et se pose au coin de la table.)

SCÈNE V

MASSÉNA, RHEINWALD

MASSÉNA, d'un air pensif, se parlant à lui-même.

Oui, les Autrichiens manœuvrent; Korsakow les remplace sur la Limmat. (Silence.) Qu'est-ce qu'ils veulent faire? (Regardant une carte.) Qu'est-ce qu'ils veulent faire? (Nouveau silence. — A Rheinwald.) Général, les rapports de Soult, de Mortier, de Turreau et de Lecourbe.

RHEINWALD.

Voici, général.

MASSÉNA, parcourant les rapports.

« Sur la Linth, rien de nouveau... Sur la Reuss, rien... Au Gothard et dans le Valais, rien! » Ils manœuvrent à notre gauche, voilà...

Qu'est-ce que signifie ce mouvement à gauche? (Reprenant la carte.) Je ne vois rien. L'archiduc m'étonne. (Il se lève et se promène quelques instants. — A Rheinwald.) Et toujours pas de nouvelles d'Ogiski?

RHEINVALD.

Aucune, général.

MASSÉNA.

C'est bien étonnant... Sa dernière dépêche était datée d'Alexandrie?

RHEINWALD.

Oui, général.

MASSÉNA.

Relisez-la.

RHEINWALD, il cherche la dépêche, puis il la lit.

« Alexandrie, le 1er septembre 1799. Au
« général Masséna. De grands événements
« se préparent. Souworow se concentre à
« Alexandrie. Ses forces sont de 18,000
« hommes d'infanterie, 4,000 cavaliers et
« 28 pièces de montagne. Le bruit court qu'il
« part pour la Suisse, mais rien encore n'est
« assuré. J'aurai soin de vous tenir au cou-

« rant de ses mouvements ultérieurs. —
« Ogiski. »

MASSÉNA.

Et depuis pas un mot !... Il se sera fait prendre et fusiller.

RHEINWALD.

C'est peut-être autre chose...

MASSÉNA, s'arrêtant.

Quoi ?

RHEINWALD.

Un espion... cela se gagne... le fameux million aurait pu le retenir avec nous.

MASSÉNA, secouant la tête.

Je suis sûr d'Ogiski !... ce n'est pas un espion comme Pfersdorf, et tous les autres... C'est un homme qui se venge... Il est Polonais !... Je l'ai connu en Italie, dans la légion polonaise... parmi les plus braves !...

RHEINWALD.

Un soldat se faire espion !

MASSÉNA.

Hé ! que voulez-vous ? quand le ciel et la terre

vous abandonnent! Souworow a mis la Pologne à feu et à sang... Il a fusillé, pendu, déporté les patriotes... Ogiski hait ce vieux barbare... C'est tout naturel... Il s'est fait espion pour se venger...

(On voit des prisonniers, entourés de soldats, s'arrêter devant les fenêtres.)

RHEINWALD.

Voici les prisonniers, général.

MASSÉNA, s'asseyant.

Ah! bon... qu'ils entrent!

(Rheinwald sort sur la porte, et fait signe d'introduire un prisonnier.)

SCÈNE VI

LES PRÉCÉDENTS, UN HUSSARD DU RÉGIMENT DE SZEKLER

MASSÉNA, se retournant à demi sur sa chaise.

Vous êtes du régiment des hussards de Szekler, à ce que je vois?

LE PRISONNIER.

Sous-officier aux hussards de Szekler.

MASSÉNA, l'observant.

Je ne vous en fais pas mon compliment.

(Le prisonnier baisse la tête.)

RHEINWALD.

Il commandait une patrouille, interceptée aux avant-postes de Dattwyl, la nuit dernière, entre onze heures et minuit.

MASSÉNA.

On fait beaucoup de patrouilles maintenant, sur la Limmat!

LE PRISONNIER.

Beaucoup.

MASSÉNA.

Qu'est-ce qui se passe donc? Je ne comprends pas, moi, ces patrouilles? (Le prisonnier se tait.—Masséna d'un ton indigné :) Ce n'est pas assez pour les hussards de Szekler, d'avoir assassiné les plénipotentiaires de la République, à Rastadt... ils traversent encore la Limmat pour piller... Et puis on répand le bruit que ce sont les Républicains qui pillent.

LE PRISONNIER, intimidé.

Nous ne pillons pas, général.

MASSÉNA.

Je m'étonne qu'on ne vous ait pas massacré, en vous reconnaissant pour un Szekler ! Je dis que les hommes qui assassinent des plénipotentiaires ne méritent pas qu'on les traite comme des soldats... Vous êtes des hussards de grande route... des pillards de nuit... Je vais faire un exemple !

LE PRISONNIER, intimidé.

Nous étions en éclaireurs, général.

MASSÉNA.

Sur la rive gauche de la Limmat ?

LE PRISONNIER.

Oui, général...

MASSÉNA, haussant les épaules.

Il n'y a rien à éclairer sur la rive gauche de la Limmat... Vous n'avez pas de postes de ce côté de la rivière.

LE PRISONNIER, avec hésitation.

On pouvait nous observer...

MASSÉNA.

Qu'est-ce que nous pouvions observer ?... Qu'est-ce qui se passait donc ? (Silence du prisonnier.)

Non, toutes ces patrouilles ne sont que des prétextes... Vous avez traversé la rivière pour piller... Je dis qu'il faut fusiller les pillards... (S'adressant à Rheinwald.) Général...

LE PRISONNIER, vivement.

Il y avait un défilé sur la route...

MASSÉNA.

Sur quelle route ?...

LE PRISONNIER.

Sur la route de Hongg à Schaffhouse...

MASSÉNA.

De l'autre côté de la Limmat ?

LE PRISONNIER.

Oui.

MASSÉNA, jetant un coup d'œil sur la carte.

A onze heures de la nuit ?...

LE PRISONNIER.

Oui, général.

MASSÉNA.

Beaucoup de régiments ?

LE PRISONNIER.

Beaucoup.

MASSÉNA.

De la cavalerie et de l'infanterie ?

LE PRISONNIER.

Oui.

MASSENA.

Et des canons ?

LE PRISONNIER.

Oui.

MASSÉNA, le regardant d'un air sévère.

Je saurai ça... s'il ment... c'est un pillard... Je ferai fusiller tous les pillards ! (Silence.) Et ce défilé... c'étaient des Autrichiens ?

LE PRISONNIER.

Oui, général.

MASSÉNA.

Il n'y avait pas de Russes ?

LE PRISONNIER.

Non.

MASSÉNA.

Alors les Autrichiens s'en vont, et laissent les Russes ? (Fixant le prisonnier) Où vont-ils ?...

LE PRISONNIER, baissant la tête.

Je ne sais pas.

MASSÉNA.

Prenez garde !... Rappelez-vous que vous êtes des hussards de Szekler, et que votre gouvernement n'a pas encore donné satisfaction de l'assassinat de nos plénipotentiaires... Nous pourrions bien nous faire justice nous-mêmes. (Brusquement.) Voyons... regardez-moi... (Le prisonnier lève vivement la tête.) Où allait l'armée autrichienne ?

LE PRISONNIER, à voix basse.

Le bruit courait que nous allions en Souabe.

MASSÉNA.

Avec l'archiduc ?

LE PRISONNIER.

Oui.

(Silence.)

MASSÉNA, secouant la tête. A part.

Ce n'est pas possible !... (Haut, à Rheinwald.) Ce hussard de Zeckler ment... Il s'est fait prendre pour me tromper...

LE PRISONNIER, relevant la tête.

Général... épargnez un vieux soldat... Je vous ai dit tout ce que je savais...

(Entre un officier d'état-major par la droite.)

L'OFFICIER.

Général, un homme désire vous parler.

MASSÉNA, contrarié.

Plus tard... (Se ravisant.) Qu'est-ce qu'il est ?... Qu'est-ce qu'il veut?

L'OFFICIER.

C'est un bourgeois du canton de Zurich... il arrive des avant-postes... voici deux mots de lui.

MASSÉNA, jetant un coup d'œil sur le papier.

Ah! bon... bon... Je le connais... c'est un de nos fournisseurs. Qu'il vienne.... (L'officier sort. A Rheinwald.) Faites sortir le prisonnier par ce côté-là... Qu'on le garde au poste... J'aurai peut-être besoin de l'interroger de nouveau ? (Bas, montrant le papier à Rheinwald.) C'est Pfersdorf... vous savez... il se gêne devant le monde...

RHEINWALD, de même.

C'est bien, général, j'attendrai vos ordres dans la pièce voisine.

(Il sort avec le prisonnier par la gauche. Au même instant, Pfersdorf paraît à droite, sous escorte. Il est en gros manteau bordé de fourrure, bottes molles et bonnet de loutre à galons d'argent. Sa figure paraît grave et digne.)

4

SCÈNE VII

MASSÉNA, PFERSDORF, L'ESCORTE

PFERSDORF, saluant.

Général !

MASSÉNA, vivement.

Hé ! c'est monsieur Réber... Comment vous portez-vous, monsieur Réber ? (Aux hommes de l'escorte.) Allez... ce monsieur, je le connais... c'est un de mes fournisseurs... (L'escorte se retire. Masséna va lui-même refermer la porte vivement et revient.) Vous avez passé par Bâle, Pfersdorf !

PFERSDORF.

Oui, général.

MASSÉNA.

Vous avez vu le banquier ?

PFERSDORF.

Oui, général.

MASSÉNA.

Vous avez touché votre argent ?

PFERSDORF.

Sans difficulté.

MASSÉNA.

Alors vous êtes content?

PFERSDORF.

Très-content.

MASSÉNA.

Voilà ce que je veux... Il faut que vous soyez content! — Vous me coûtez plus qu'un général de division.

PFERSDORF.

Je suis aussi forcé de dépenser beaucoup.. Toujours la bourse à la main, général, toujours délier les cordons...

MASSÉNA, vivement.

C'est bien! je ne vous fais pas de reproches, au contraire. Les bons comptes font les bons amis. Maintenant vous arrivez?...

PFERSDORF.

De Zurich!... où j'ai passé quinze jours à l'hôtel de Bellevue, avec les officiers de l'état major russe. (Il sourit.)

MASSÉNA.

Qu'est-ce qui se passe?

PFERSDORF.

De grands changements... L'armée autrichienne se retire en Souabe.

MASSÉNA, vivement.

En Souabe!... Est-ce bien vrai?...

PFERSDORF.

C'est positif.

MASSÉNA.

Et qu'est-ce qu'elle va faire en Souabe?

PFERSDORF.

Elle va débloquer Philipsbourg.

MASSÉNA, secouant la tête d'un air de doute.

Il ne faut pas soixante mille hommes pour débloquer Philipsbourg; vingt-cinq ou trente mille suffisent!

PFERSDORF.

Oui, général, mais les Autrichiens et les Russes ne pouvaient plus s'entendre. En arrivant avec ses vingt-cinq milles Russes, Korsakow voulait attaquer tout de suite. L'archiduc Charles, lui, ne voulait pas. Depuis ce temps, les soldats des deux empereurs ne pouvaient plus se voir; les Russes traitaient les Autrichiens avec mépris, les officiers se refusaient le salut.

MASSÉNA, riant.

Hé! les Russes sont des héros... Ils sont fiers, les Russes, ils gagnent toujours, à Cassano, à la Trébia, à Novi... C'est juste, ils ne doivent pas le salut aux Autrichiens! Et Korsakow est aussi un bien plus grand général que l'archiduc... il ne doit pas non plus recevoir d'ordres... Je comprends... je comprends!... Je tiens avec les Russes!...

PFERSDORF.

L'archiduc Charles a profité de l'invasion des Français sur le Mein, pour s'en aller; il a déclaré que son premier devoir était de couvrir les États du duc de Wurtzbourg et de l'électeur palatin... Et maintenant l'armée autrichienne est en route pour Philipsbourg.

MASSÉNA, d'un accent pénétrant.

Toute l'armée?

4.

PFERSDORF.

Trente bataillons et quarante-deux escadrons; j'ai couru moi-même à Schaffhouse pour les voir défiler... Je voulais être sûr... J'ai compté moi-même.

MASSÉNA, d'un accent bref, en se levant.

C'est bien! (Il fait trois ou quatre tours, l'air absorbé; puis revient s'asseoir brusquement.) Et qu'est-ce qui reste en position?

PFERSDORF.

L'archiduc a laissé le général Hotze sur la Linth, pour défendre les petits cantons, avec vingt mille hommes et les trois régiments suisses à la solde des Anglais; son quartier général est à Wésen. Le général Korsakow commande ses vingt-cinq mille Russes; son quartier général est à Zurich; et le général Nauendorf, avec dix mille hommes, reste sur la rive droite du Rhin, pour former un corps de réserve; il observe le val d'Enfer et les villes forestières.

MASSÉNA, qui s'est remis à marcher avec agitation, la tête penchée.

Hotze, vingt-cinq mille hommes... Korsakow, vingt-cinq mille... Nauendorf, dix mille... Soixante mille hommes! (D'un ton d'agitation extrême, exprimant le doute et l'audace.) Soixante mille hommes!... (S'arrêtant devant Pfersdorf.) Ce n'est pas possible... l'archiduc me connaît... il connaît aussi mes forces!...

PFERSDORF.

Général, avant de partir, l'archiduc lui-même a conduit Korsakow dans chaque position. Il lui disait : — un régiment ici... un bataillon là! — Et le Russe lui répondait : — Oui, un régiment autrichien, cela veut dire un bataillon russe!... Un bataillon autrichien, cela veut dire une compagnie russe!

MASSÉNA, d'un ton goguenard.

Ah! si les compagnies russes valent des bataillons autrichiens, Korsakow a raison... il est le plus fort!...

PFERSDORF.

Vous ne croiriez jamais, général, ce que les jeunes officiers russes racontent à leur table!

MASSÉNA.

Quoi?

PFERSDORFF.

Qu'ils marchent sur Paris, et qu'ils vous emmèneront à Saint-Pétersbourg.

MASSÉNA.

Moi ?

PFERSDORF.

Oui, général.

MASSÉNA.

J'espère aussi qu'ils viendront à Paris, après la bataille... Mais Saint-Pétersbourg est un peu trop loin, pour y mener soixante-dix mille hommes. (Se rasseyant et regardant la carte.) Laissons ces jeunes gens fumer leur cigare ; la jeunesse voit des châteaux en Espagne. (Changeant de ton brusquement.) Je dis que le départ de l'archiduc est une ruse, pour m'engager à livrer bataille. Je dis qu'il se tient là-bas, tout prêt à revenir au bruit du canon, tomber sur mon aile gauche... L'archiduc est un homme de guerre... il sait ce qu'il fait... Son départ pour la Souabe me livrerait Hotze et Korsakow... On ne court pas de tels risques, pour satisfaire de petites rancunes d'état-major.

PFERSDORF.

Général, je vous affirme que l'archiduc Charles est en route pour la Souabe... qu'il va débloquer Philipsbourg...

MASSÉNA, l'interrompant.

C'est impossible!... A moins que les Russes n'attendent des renforts...

RHEINWALD, paraissant à gauche.

Général, une dépêche d'Italie...

MASSÉNA.

Ah ! (Il reçoit la dépêche, l'ouvre avec précipitation et y jette un coup d'œil. Criant :) Voilà!.., Souworow est en route!... (D'un accent de résolution.) Ah! maintenant, je comprends!... L'archiduc est parti, parce que Souworow vient le remplacer... (Agitant la dépêche avec vivacité.) Maintenant il n'y a plus une minute à perdre... (D'un accent impérieux.) Que le porteur de la dépêche entre... que je lui parle... que je sache... (Rheinwald sort par la gauche.—A Pfersdorf.) Laissez-nous, Pfersdorf.

PFERSDORF, saluant.

Général !...

(Il sort par la droite. Au même instant, la porte de gauche s'ouvre Ogiski paraît sur le seuil, brisé de fatigue.)

SCÈNE VIII

MASSÉNA, OGISKI, puis RHEINWALD

MASSÉNA.

Ogiski!...

OGISKI.

Oui, général, c'est moi!... La nouvelle était si grave, que j'ai voulu l'apporter moi-même... Je craignais...

MASSÉNA, vivement.

Asseyez-vous! (Ogiski s'assied.) Souworow a quitté Alexandrie le 10 septembre?

OGISKI.

Avec vingt-quatre mille hommes... j'étais là.... déguisé en crieur public... j'ai tout vu... tout entendu... En partant, il a annoncé à ses soldats qu'il allait rejoindre Korsakow, et qu'après vous avoir écrasé, il marcherait sur Paris, pour rétablir les Bourbons. Son avant-garde était à Bellinzona le 19; elle arrivera aujourd'hui au pied du Saint-Gothard.

MASSÉNA, brusquement.

Nous avons le temps de livrer bataille !
(Courant à la porte de gauche.) Rheinwald ?

RHEINWALD, entrant.

Général ?

MASSÉNA, d'une voix sourde.

Nous allons nous battre !... Le prince Charles est parti pour débloquer Philipsbourg... Souworow vient le remplacer... Le hussard de Szekler avait raison !... Tout le monde à cheval... Faites entrer les officiers d'état-major... Je vais dicter mes ordres. (Rheinwald se dirige rapidement vers la droite.) Pas de bruit... du calme !...

(Rheinwald incline la tête et sort.)

SCÈNE IX

MASSÉNA, OGISKI, puis RHEINWALD

MASSÉNA, se retournant vers Ogiski.

Êtes-vous encore en état de monter à cheval, Ogiski ?

OGISKI.

De quoi s'agit-il, général ?

MASSÉNA.

De porter mes ordres au général Lecourbe. Vous pouvez lui être très-utile, dans la lutte qu'il va soutenir contre Souworow.

OGISKI, se levant.

Je suis prêt !

MASSÉNA.

Bon ! (Il s'assied devant la table. Écrivant.) « Au général « Lecourbe. Mon cher général. L'archiduc est « parti pour la Souabe, avec trente bataillons « et quarante-deux escadrons. Souworow vient « le remplacer. Retardez sa marche autant que « possible, disputez-lui chaque pouce de ter- « rain. Moi, j'attaque Hotze et Korsakow; aus- « sitôt que j'en aurai fini avec eux, j'arriverai « à votre secours, et nous tâcherons d'enfer- « mer Souworow dans les montagnes. Salut et « amitié. — Masséna. — Confiance absolue dans « le porteur. (Il plie la lettre et la cachète. Se levant.) Voilà ! »

OGISKI, recevant la lettre.

Je serai à Altorf entre deux et trois heures.

RHEINWALD, entrant.

Général, tout est prêt... les officiers sont là...

MASSÉNA.

Qu'ils entrent!... (A Ogiski, qui se dispose à sortir:) Prenez un de mes chevaux, Ogiski.

OGISKI, se retournant.

Merci, général!

MASSÉNA, le regardant sortir. A part.

Voilà les plus terribles ennemis de la Russie!

(Les officiers d'état-major entrent et se placent devant les tables. Masséna reste debout.)

SCÈNE X

MASSÉNA, RHEINWALD, OFFICIERS D'ÉTAT-MAJOR

MASSÉNA, après un instant de réflexion, dictant :

« Quartier général du mont Albis, le 2 vendémiaire, an VIII de la République française. Soldats de l'armée d'Helvétie! Je vais vous conduire au combat... »

TOUS LES OFFICIERS, se levant comme un seul homme

Vive la République!

TROISIÈME TABLEAU

L'ATTAQUE DU SAINT-GOTHARD

Un chemin creux, profondément raviné, sur la pente du Saint-Gothard. Au-dessus du chemin, une assise à droite, et sur l'assise un chalet, la toiture moussue chargée de pierres. A gauche du chemin, la gorge de Trémola comblée de neige ; en face, des rochers à pic jusqu'aux nuages ; au-dessus, les cimes blanches du Saint-Gothard. C'est un coup d'œil épouvantable. Une file de soldats russes, le sac au dos, le fusil sur l'épaule, poussent aux roues d'une charrette embourbée jusqu'aux essieux. Sur la charrette se trouvent Hattouine, son chaudron, ses provisions, sa tonne d'eau-de-vie et une malle en cuir. Ivanowna, devant, tient le hceval par la bride. D'autres soldats russes sur le plateau continuent à défiler. On comprend que la charrette forme, avec les ambulances, une queue de colonne. Quelques cosaques, près du chalet, lèvent les yeux d'un air de stupeur.

SCÈNE PREMIÈRE

HATTOUINE, IVANOWNA, SOLDATS RUSSES

IVANOWNA.

Allons, mes bons amis, allons ! encore un

coup d'épaule, nous arriverons sur le plateau. Courage !

UN SOLDAT, poussant.

Hue !

UN AUTRE.

Des pierres, Swerkof, des pierres, ou le *kibitk* redescend.

UN AUTRE, apportant une grosse pierre.

Prenez garde ! (Il la met sous la roue.) Voilà, nous pouvons un peu respirer.

(La charrette reste comme suspendue sur la pente, le cheval en haut.)

HATTOUINE.

A cette heure, je vois que vous êtes mes enfants ; vous n'abandonnez pas la vieille Hattouine !

PLUSIEURS.

Non... non... ne crains rien, *matouchka*, ne crains rien ; mais nous aurons du *schnaps* *.

HATTOUINE.

Vous en aurez... Vous en aurez !

UN SOLDAT.

Ah ! quel chemin depuis Airolo, quel chemin !

* Eau de-vie.

HATTOUINE.

Oui, j'ai vu de vilains chemins depuis cinquante ans, j'en ai vu partout, dans l'Ukraine, en Crimée, chez les Turcs, j'en ai vu chez les Polonais, mais jamais comme celui-ci.

UN SOLDAT.

Et tout cela, *matouchka*, n'est encore rien... Regarde là-haut... regarde... des rochers... des rochers... de la neige, de la glace.

UN AUTRE.

Comment passer avec le *kibitk*? Il faudra tout démonter, les roues, le timon; il faudra porter la vieille *matouchka*, la marmite, le tonneau... Saint Nicolas, viens à notre secours!

UN AUTRE, se retournant et regardant en arrière.

Et le beau soleil là-bas... les belles maisons, le bon pain, le schnaps, la viande... Oh! Italie!... Italie!...

(Il joint les mains.)

IVANOWNA.

Tais-toi, Mikalowitch, tais-toi, nous allons tous pleurer!

HATTOUINE.

Non, ce n'est pas un chemin pour des chrétiens. (Élevant la voix.) Souworow, tu demandes trop à tes enfants ! Le Seigneur a déjà beaucoup fait pour Alexis Basilowitche; mais tu ne regardes à rien, tu cries : —En avant ! en avant ! —Il faut marcher.

IVANOWNA, attirant le cheval.

Allons... courage... hue !

(Tous se remettent aux roues. La charrette franchit le dernier passage, et s'arrête au bord du plateau.)

TOUS LES SOLDATS, d'un ton de satisfaction.

Du schnaps !... *matouchka*, du schnaps !...

HATTOUINE, descendant de la charrette.

Oui, vous l'avez bien gagné ! qu'on pose la tonne là. Ivanowna, sors le gobelet: mes enfants auront du schnaps !

(Les soldats se dépêchent de lever la tonne ; ils la posent sur la malle en cuir. Pendant ces préparatifs d'autres défilent ; ceux de la charrette restent seuls.)

SCÈNE II

LES PRÉCÉDENTS, au bord du plateau; **LE MAJOR BELINSKI ET LE DOCTEUR STHAL**, au-dessous. (Continuation du défilé.)

LE DOCTEUR, criant au major qui le précède.

Hé! major, une petite halte... Mon pauvre Jacob n'en peut plus; vous savez qu'il a quinze ans de service.

LE MAJOR.

Je vous avais prévenu de l'abattre après Novi ; c'est une vieille bête ruinée, poussive.

LE DOCTEUR.

Je le sais bien, mais quand on a passé par Ismaïlow ensemble, par Praga, on n'aime pas de se séparer. (Tapant sur le cou de son cheval.) N'est-ce pas, Jacob?

LE MAJOR.

Il finira par vous laisser en route, docteur.

LE DOCTEUR.

Ce ne serait pas étonnant, dans un chemin pareil. (En ce moment, il lève la tête, et voit le tonneau d'eau-de-vie sur sa malle ; sautant à bas de cheval.) Oh ! mille tonnerres !

LE MAJOR.

Qu'est-ce que c'est ?

LE DOCTEUR, tirant son cheval par la bride.

Tous mes instruments écrasés !

(Il veut rouler la tonne.)

HATTOUINE.

Qu'est-ce que tu demandes, coupeur de jambes ?

LE DOCTEUR, aux soldats.

Otez-moi cela, canailles ? (Les soldats enlèvent la tonne. Le docteur ouvre sa malle et regarde.) Dieu soit loué, tout est en bon état.

(Le major, Hattouine, Ivanowna et les soldats se penchent et regardent.)

HATTOUINE.

Ne regardez pas, ce sont les petits couteaux !

LE DOCTEUR, riant.

Les petits et les grands ; et nous allons en avoir besoin tout à l'heure ! (Montrant une large scie au major.) Les gueux m'ont fait trembler ! Rien que cette scie anglaise me coûte trois livres sterling.

(Le major, sans répondre, poursuit sa route en criant aux soldats qui continuent de défiler : En avant !... en avant !...)

SCÈNE III

LES PRÉCÉDENTS, moins LE MAJOR
(Ivanowna, toute pensive, regarde défiler les soldats.)

HATTOUINE.

Allons... allons... c'est bon... referme ta caisse... bois plutôt un verre de schnaps.

LE DOCTEUR, après avoir refermé sa caisse, se lève et dit aux soldats :

Hé! Mikalowitche, porte-moi ça dans le chalet. Et vous deux, allez au grenier à foin, et répandez de la paille sur le plancher, du haut en bas. Vous m'entendez! (Levant les yeux, et regardant le défilé.) Ça va chauffer là-haut... Avant une heure, nous aurons besoin des petits couteaux! (Les soldats s'éloignent ; Swerkof emmène le cheval du docteur et celui de Hattouine. — Le docteur à Hattouine.) Où est donc le major?

HATTOUINE.

Il est parti tout de suite.

LE DOCTEUR, vidant un verre d'eau-devie, de bonne humeur.

Je pensais bien que la grosse scie lui ferait de l'effet. Hé! hé! hé!

HATTOUINE.

Ah! vieux corbeau, tu ris... tu ris à cause de l'odeur du sang.

LE DOCTEUR, riant.

Cette vieille à des idées drôles. (Il sort une tabatière de sa poche et prise.) Oui, ça va chauffer... Tu te rappelles Praga, Hattouine?...

HATTOUINE, levant les mains.

Praga!... Praga!...

LE DOCTEUR, le nez en l'air.

Eh bien, si je ne me trompe, nous aurons autant d'ouvrage ce soir. Seulement, au lieu d'être des brûlures, ce seront des glissades, des os cassés, et cætera, et cætera ! (Il aperçoit les soldats, qui regardent dans les vitres du chalet, et leur crie :) Vous dépêcherez-vous... vous dépêcherez-vous !

(Les soldats se retirent.)

HATTOUINE, criant.

Ivanowna?

IVANOWNA, éveillée de sa contemplation.

Mère Hattouine !

HATTOUINE.

A quoi penses-tu donc?

IVANOWNA.

Je regarde, mère Hattouine.

HATTOUINE.

Oui, tu regardes si quelqu'un va bientôt passer... Ne crains rien, Axenti Ivanowitche n'est pas loin.

LE DOCTEUR, riant.

Ah! c'est Ivanowitche qu'elle attend!

HATTOUINE.

Hé! la jeunesse... la jeunesse... que voulez-vous?

LE DOCTEUR.

Un brave garçon... et qui n'a pas peur du feu.

HATTOUINE.

Trop brave!... trop brave!...

LE DOCTEUR.

C'est lui qui a porté à Korsakow les ordres du feld-maréchal.

HATTOUINE.

Oui! Pour aller plus vite en revenant, il a traversé tous les républicains.

LE DOCTEUR.

Il est revenu tout de même.

HATTOUINE, riant.

C'est un renard... un fin renard.

LE DOCTEUR.

Souworow est content de lui?

HATTOUINE.

S'il est content! tu penses bien... Il lui a dit: « Axenti, c'est bien... Tâche que je me souvienne de toi... Tu feras ton chemin, Ivanowitche! »

LE DOCTEUR, regardant Ivanowna du coin de l'œil.

C'est égal, d'avoir un bon ami comme Ivanowitche, qui porte des ordres à travers les républicains, et qu'on fusille tout de suite, quand il se laisse prendre, c'est dur... ça vous donne beaucoup à penser.

HATTOUINE, bas.

Tais-toi.

LE DOCTEUR.

Ce n'est pas comme moi... Je suis vieux, j'ai le nez rouge... mais je me porte bien... les balles ne pleuvent pas autour du docteur Sthâl... Il garde les petits couteaux pour ses camarades.

HATTOUINE, riant.

Tais-toi, vieux hanneton ! Tais-toi... le temps des fleurs est passé... Le temps du schnaps est venu... Tiens... bois... mais laisse Ivanowna tranquille.

LE DOCTEUR, prenant le verre.

Vieux hanneton !... C'est un peu fort... Sans le verre de schnaps, Hattouine, je me fâcherais !

HATTOUINE, à Ivanowna.

Allons, décharge le linge du docteur, tout devrait déjà être prêt.

LE DOCTEUR, après avoir vidé son verre.

Oui, il va falloir du linge, pour raccommoder les têtes cassées. Découpez-moi des bandes... (Regardant en l'air.) La colonne approche... nous allons entendre le grand roulement.

(Ivanowna et Hattouine s'asseyent au bord de la terrasse, sur quelques sacs de linge, et se mettent à découper des bandes.)

HATTOUINE, à Ivanowna.

Tiens le linge, je couperai, nous irons plus vite.

LE DOCTEUR, criant aux soldats, qui se sont remis aux fenêtres.

Hé ! montez le drapeau noir sur la baraque ! Ces imbéciles ne pensent à rien... Tout à l'heure nous allons recevoir des balles à l'ambulance... Ah ! race de crétins !

(Pendant cette scène, le défilé continue. En ce moment, Ivanowna voit monter un nouveau groupe de soldats ; au milieu de ce groupe se trouve un jeune officier à cheval, il tient le drapeau russe : c'est Ivanowitche.)

SCÈNE IV

LES PRÉCÉDENTS, IVANOWITCHE, au milieu de ses soldats

IVANOWNA, se levant.

Axenti Ivanowitche !

IVANOWITCHE, aux soldats.

Halte ! reposez-vous ! (Montrant le chemin qui monte.) Tout à l'heure, il faudra courir.

(Il s'approche et prend la main d'Ivanowna ; les soldats mettent l'arme au pied. Tous regardent en l'air le défilé qui s'opère lentement.)

LE DOCTEUR.

On vous attendait, Ivanowitche.

IVANOWITCHE, souriant à Ivanowna.

Je pense bien, aussi je me suis pressé.

LE DOCTEUR.

Vous arrivez d'Airolo?

IVANOWITCHE.

Oui, docteur.

LE DOCTEUR.

La colonne du général Strauch est en marche par la gauche?

IVANOWITCHE.

Les trois colonnes sont en marche; celle de Strauch, à gauche, et celle de Schweikoski à droite. Le feld-maréchal Souworow suit la nôtre; il a voulu tout voir : l'organisation des convois, le démontage des canons et des caissons...

LE DOCTEUR.

Nous avons du canon...

IVANOWITCHE.

Vingt-huit petites pièces, pour les trois colonnes. Elles arrivent à dos de mulet. Il a fallu démonter la moitié des cosaques, pour le transport des affûts. Le feld-maréchal a tout surveillé lui-même... Quel homme!... il ne connaît pas d'obstacles!

HATTOUINE.

Oui, plus il vieillit, plus il s'obstine, c'est comme un mulet

LE DOCTEUR, riant.

Hattouine ne se gêne pas.

IVANOWNA à Ivanowitche.

Ne l'écoute pas, Axenti, ne l'écoute pas...

IVANOWITCHE, riant.

On lui pardonne tout. Souworow lui-même rit des idées de la vieille *matouchka*, quand il est de bonne humeur.

LE DOCTEUR.

Oui, mais c'est une rude montée tout de même, Ivanowitche.

IVANOWITCHE.

Ah! nous ne sommes pas au bout... Si vous

la connaissiez comme moi !... (Se retournant à cheval, et montrant les cimes.) Figurez-vous à cinq ou six cents mètres au-dessus de nous, le plateau couvert de retranchements, d'abatis, de fortifications en terre; les rochers à droite et à gauche pleins d'embuscades, et la route au-dessus, qui tourne vingt fois le long de précipices dont il est impossible de voir le fond. Si par malheur votre pied glisse, vous descendez à deux lieues, dans les gorges de Tremola.

LE DOCTEUR.

Les républicains y sont pourtant venus.

IVANOWITCHE.

Oui, mais ils avaient en face d'eux les Autrichiens, et nous avons les Français.

LE DOCTEUR.

Ils sont beaucoup?

IVANOWITCHE.

Six à sept cents sur le plateau, avec le général Gudin.

HATTOUINE.

Tu les a vus? Ivanowitche.

IVANOWITCHE.

Oui, *matouchka,* en revenant de Zurich; ils vivent là-haut de neige fondue et de pain de seigle... Les pauvres diables sont maigres comme la famine.

LE DOCTEUR.

Quels enragés !

IVANOWITCHE.

Sans les trois attaques combinées, malgré nos vingt-cinq mille hommes et Souworow, je n'aurais pas trop confiance. Mais nous arriverons, Ivanowna, ne crains rien.

IVANOWNA.

Tu ne seras pas toujours en tête, Axenti?

IVANOWITCHE.

Non, pour toi, je me tiendrai un peu sur les côtés... où l'on ne glisse pas !

(Il sourit.)

HATTOUINE.

Oui, **oui,** sur les côtés... quand les balles pleuvent partout..... Allez donc aimer un soldat !

LE DOCTEUR.

Vous en avez bien aimé un, vous, Hattouine.

HATTOUINE.

Que voulez-vous? on est folle une fois au moins dans sa vie. J'espérais toujours en être débarrassée, c'était ma seule consolation, et la sienne c'était le schnaps.

LE DOCTEUR.

Et sur le plateau, Ivanowitche, nous serons maîtres de tout?

IVANOWITCHE.

Sur le plateau du Saint-Gothard, il faudra descendre comme nous montons; il faudra traverser, de l'autre côté, la Reuss, encaissée entre des rochers de six cents pieds à pic, sur des ponts en dos d'âne, plus hauts que le Kremlin, et larges de deux brasses.

HATTOUINE.

Souworow se fait vieux, il perd la tête.

LE DOCTEUR.

Il n'y a donc pas d'autre route pour entrer en Suisse.

IVANOWITCHE, étendant le bras vers la droite du Saint-Gothard.

Il y a la route de Bellinzona à Coire, par Roveredo; mais elle est beaucoup plus longue. Celle-ci coupe au court, et puis elle nous mène sur les derrières de Masséna. Une fois à Altorf, au fond de la vallée de la Reuss, nous prendrons les Français à revers, pendant que Korsakow les attaquera de front.

LE DOCTEUR.

C'est un beau plan, mais difficile à exécuter.

IVANOWITCHE.

Bah! rien n'est impossible à Souworow. Tout ce qu'il entreprend est écrit là-haut! (Il lève la main. — Aux soldats:) En avant! (A Ivanowna, qui le retient:) Ivanowna, il faut que je sois capitaine; tu sais, la vieille *matouchka* veut que je sois capitaine, pour nous marier ensemble.

(Il embrasse Ivanowna, puis galope à la suite de son détachement. Ivanowna le regarde s'éloigner.)

SCÈNE V

LES PRÉCÉDENTS, moins IVANOWITCHE

LE DOCTEUR.

Quel brave garçon ! Cela ne connaît que l'amour et la bataille.

HATTOUINE.

Oui, et ça ne t'empêchera pas de lui couper les os comme au premier venu, s'il arrive sur le brancard.

LE DOCTEUR.

Quand on arrive sur le brancard, Hattouine, on n'est plus Ivanowitche, on n'est plus Souworow, on n'est plus qu'un homme avec des os cassés, des balles dans le corps, ou la tête aplatie... Moi, je tâche d'arranger la chose si c'est possible ; et quand ce n'est pas possible, je les recommande à saint Nicolas. Qu'est-ce qu'on peut me demander de plus ?

HATTOUINE.

Allons... l'ouvrage reste en arrière. Tout

ce linge devrait être découpé. — Ivanowna ?

IVANOWNA.

Mère Hattouine.

HATTOUINE.

Quand tu regarderais cent ans, il est parti !... Si Dieu veut qu'il revienne, il reviendra. Allons, mon enfant, aide-moi ; tiens le linge et ne pense plus au reste.

(Ivanowna s'assied, elles reprennent leur ouvrage ; les aides du docteur arrivent.)

SCÈNE VI

LES PRÉCÉDENTS, LES AIDES DU DOCTEUR

LE DOCTEUR.

Que voulez-vous ?

MIKALOWITCHE.

Major, nous avons fait tout ce que vous avez dit : Nous avons répandu de la paille partout, nous avons monté la grande table, ouvert la caisse, et rangé les couteaux au bord ; nous avons aussi cherché les baquets. Maintenant, qu'est-ce qu'il faut faire ?

LE DOCTEUR.

Maintenant vous ferez ce vous avez toujours fait, imbéciles ! Quand on apportera les blessés, vous les monterez, vous les déshabillerez, vous les tiendrez sur la table; vous pincerez avec les pinces ce que je vous dirai de pincer, vous enlèverez le sang avec la grosse éponge, et quand le baquet sera plein, vous irez le vider en bas. (D'un ton indigné.) C'est drôle, voilà plus d'un an que ces crétins me suivent, à Cassano, à la Trebia, à Novi, partout ! et chaque fois ils me font répéter la même chose. Ah ! mon Dieu, mon Dieu, quelle race !... On a bien raison de leur apprendre à marcher, ils iraient toute leur vie à quatre pattes.

(Arrivent quelques cosaques. Les aides du docteur rentrent dans le chalet.)

SCÈNE VII

LES PRÉCÉDENTS, LES COSAQUES

UN COSAQUE.

Du schnaps, *matouchka* ?

HATTOUINE.

Je n'ai pas de schnaps pour vous.

LE HETTMANN, d'un ton impérieux.

Donne du schnaps à mes hommes... Tu me dois obéissance, vieille..., donne du schnaps !

LE DOCTEUR, à Hattouine.

Et moi je te défends de verser du schnaps !

LE HETTMANN.

Tu le défends.

LE DOCTEUR.

Oui, c'est moi qui commande ici, ce schnaps est en réquisition pour les blessés.

LE HETTMANN.

J'en veux.

LE DOCTEUR.

Quand tu reviendras avec une balle dans le ventre, je t'en mettrai une compresse dessus, hettmann, mais pas avant.

LE HETTMANN.

Tu n'es pas un chef.

LE DOCTEUR, sortant une paire de pistolets de la charrette.

Je suis assez chef pour te brûler les moustaches, si tu bouges, hettmann. Je m'appelle docteur Sthâl, chirurgien aux grenadiers de Rymnik, et si je dis un mot de ta conduite...

LE HETTMANN.

Allons... c'était pour rire... pour voir ce que tu répondrais.

LE DOCTEUR.

A la bonne heure! seulement, je n'aime pas les plaisanteries cosaques.

(Grande rumeur au-dessous du plateau. Hattouine se lève et regarde.)

HATTOUINE.

Le régiment d'Ismaïl arrive.

CRIS.

Vive Souworow!... Vive Souworow!...

LE DOCTEUR.

Ah! ah! le feld-maréchal...

NOUVEAUX CRIS.

Vive Souworow!... vive Souworow!...

(Une file de mules paraissent, portant les canons et les affûts démontés. Des soldats d'artillerie escortent ce convoi; quelques-uns s'arrêtent sur le plateau pour reprendre haleine. Au moment où la queue de colonne s'engage dans le défilé, Souworow paraît avec son état-major.)

SCÈNE VIII

LES PRÉCÉDENTS, SOUWOROW, L'ÉTAT-MAJOR

SOUWOROW, d'une voix vibrante.

Hettmann!

LE HETTMANN.

Feld-maréchal?

SOUWOROW.

D'où viens-tu?

LE HETTMANN.

J'arrive de là-haut... en reconnaissance.

SOUWOROW.

Pourquoi l'attaque n'est-elle pas commencée?

LE HETTMANN.

La route est difficile, feld-maréchal; elle devient toujours plus roide, et puis les trous...

SOUWOROW.

Il n'y a pas de route difficile. (Avec violence.) Qu'on attaque!... qu'on attaque!... Va dire que Souworow arrive! (Le hettmann part au galop, avec ses cosaques.—Souworow regardant sa montre.) Il est midi... le colonel royal-impérial de Strauch devrait avoir ouvert son feu depuis vingt minutes... C'est inconcevable.

LE COLONEL D'ÉTAT-MAJOR MANDRIKINE.

Si les routes sont coupées, feld-maréchal!...

SOUWOROW, l'interrompant.

A la guerre, toutes les raisons bonnes ou mauvaises ne signifient rien. Quand on est convenu d'un mouvement, il doit s'exécuter à la minute, pour ne pas rendre l'attaque insuffisante. A quoi me sert-il d'avoir de bonnes raisons, si je suis battu ?

(En ce moment, le canon tonne et la fusillade s'engage.)

SOUWOROW, remettant sa montre en poche.

Enfin ! (Regardant autour de lui, et voyant des canonniers au repos.) Qu'est-ce que ces hommes font là?

MANDRIKINE.

Ils escortent le convoi.

SOUWOROW.

Eh bien, le convoi est passé. (Aux soldats.) Allez... allez... vivement!... (Se retournant vers Mandrikine.) Tous ces détachements à droite et à gauche sont des pertes ! (Les soldats montent. — A ses officiers.) Il est midi juste, à deux heures nous serons sur le plateau. Mais il faut aller brusquement... il faut déconcerter l'ennemi par l'impétuosité de l'attaque... Plus la position est désavantageuse pour nous, plus il faut en brusquer la fin. En avant, messieurs, en avant !

(Ils partent.)

SCÈNE IX

HATTOUINE, LE DOCTEUR, IVANOWNA

HATTOUINE, riant.

Il est toujours jeune, Alexis Basilowitche, il ne change pas ; comme je l'ai vu la première fois, il y a cinquante ans, il est encore.

LE DOCTEUR.

Oui, mais écoute, Hattouine, écoute comme ça va bien ! Il est temps que j'aille me retrousser les manches.

(Il entre dans le chalet, Hattouine et Ivanowna restent seules. Le

SCÈNE X

HATTOUINE, IVANOWNA

HATTOUINE.

A quoi penses-tu, Ivanowna ?

IVANOWNA.

J'écoute, mère Hattouine.

HATTOUINE.

Oui, c'est une grande bataille... Déjà beaucoup sont tombés... (Elle regarde.) Ah ! Souworow est là maintenant... Comme la fumée monte !

(Immense rumeur dans le lointain, au milieu de la fusillade.)

IVANOWNA.

C'est terrible !

(Elle se couvre les yeux.)

HATTOUINE.

Tu pries ?...

IVANOWNA.

Oui, je prie...

HATTOUINE, après un instant de silence.

Il reviendra... mais beaucoup ne reviendront

plus !... Ivanowitche reviendra... Il est brave comme Souworow, et Souworow est devenu vieux... Il a blanchi dans la guerre... Ne crains rien !... (Apercevant deux soldats qui apportent un blessé.) Ah ! voici déjà qu'on apporte de l'ouvrage au vieux coupeur de jambes.

(Ivanowna regarde, puis se lève et court à la rencontre de ceux qui apportent le blessé. Le docteur paraît à la fenêtre du chalet, il est en bras de chemise et large tablier remontant jusqu'au cou.)

IVANOWNA, regardant le blessé.

Ce n'est pas lui !

(Les porteurs s'arrêtent devant le chalet. Les aides du docteur entourent le blessé.)

SCÈNE XI

HATTOUINE IVANOWNA, LES PORTEURS, LE BLESSÉ
LE DOCTEUR

LE DOCTEUR, criant à la fenêtre.

Qu'est-ce que c'est ?... Qu'est-ce que vous faites là ?...

UN AIDE.

C'est un commandant.

6.

LE DOCTEUR, avec colère.

Qu'est-ce que ça me fait qu'il soit commandant? Apportez-le... montez-le, mille tonnerres!... Ah! les crétins. (Levant les yeux, et voyant d'autres blessés qu'on apporte à la file.) En voilà!... En voilà!...

(Les porteurs entrent le blessé dans le chalet, avec les aides. Hattouine se lève et va regarder les autres, à mesure qu'ils arrivent.)

HATTOUINE.

Des vieux... des jeunes!... Des vieux... des jeunes!... Oh! nous retournerons seuls en Russie... Tous partent... tous!

(A mesure que les blessés arrivent, on les porte dans le chalet. Clameurs immenses dans le lointain, roulement de la fusillade. Cris — En avant!... en avant!...)

LE DOCTEUR, criant de l'intérieur du chalet.

Du linge, *matouchka*, du linge!

HATTOUINE, prenant un paquet de bandes.

Aide-moi, Ivanowna, aide-moi.

(Elle remet le paquet à un aide, qui est venu le prendre.)

IVANOWNA, regardant en l'air.

Mon Dieu, tous s'arrêtent...

HATTOUINE.

Ils reculent!... les soldats de Souworow reculent!... (Silence. Une file de blessés arrivent à pied.)

IVANOWNA, regardant le premier.

Un homme du bataillon...

LE BLESSÉ, s'adossant au mur.

Matouchka!...

HATTOUINE, accourant.

Daroch !

LE BLESSÉ.

Ah ! *matouchka*... je ne verrai plus la Russie...

HATTOUINE, le faisant asseoir sur le banc.

Qu'est-ce que tu as ?

LE BLESSÉ, montrant son épaule droite.

Une balle ici, *matouchka*... une balle... c'est fini.

HATTOUINE, à Ivanowna.

Vite, un verre de schnaps ! (Au blessé.) Et là-haut ?

LE BLESSÉ

On ne peut pas passer... des trous... des...

HATTOUINE, lui présentant le verre qu'Ivanowna vient d'apporter.

Tiens, bois.

(Il boit et se ranime un peu.)

LE BLESSÉ.

C'est bon!... (Lui rendant le verre.) Oh! bonne *matouchka!*...

HATTOUINE.

Qu'est-ce que tu as vu là-haut?

LE BLESSÉ.

J'ai vu des files d'hommes tomber... rouler... (Avec un geste d'horreur.) Ah! c'était tout bleu... tout noir au fond... Ils tombent toujours, *matouchka!*

(Il se couvre les yeux d'une main et s'affaisse contre le mur.)

HATTOUINE, se retournant.

Souworow... Souworow... mangeur d'hommes... sois content... sois content... tout est fini... tout va périr!

(Grondement de la fusillade, qui se rapproche. Mouvement de retraite. Cris : — En avant!... Halte!... halte!... En avant!... — Le hettmann arrive au galop, suivi de ses cosaques. Le cheval d'un cosaque, blessé d'un coup de feu, se cabre au bord du précipice; le cavalier pousse un cri terrible : l'homme et le cheval disparaissent.)

SCÈNE XII

LES PRÉCÉDENTS, LE HETTMANN, COSAQUES

LE HETTMANN, criant.

L'attaque est repoussée... Tout est perdu...

(Il pique des deux et disparaît.)

LES AUTRES COSAQUES.

Sauve qui peut!

(Ils sortent au galop.)

HATTOUINE.

Ivanowna, attelle la charrette... vite... vite...

IVANOWNA.

Non! il est mort... Il ne se sauvera pas... je reste! — Va, mère Hattouine, va! Moi, je veux aussi mourir.

(Elle s'assied et se couvre la face. Hattouine jette tout pêle-mêle sur la charrette. Des files de soldats traversent le plateau en courant, comme saisis de terreur panique, et disparaissent à gauche. Au moment où Hattouine va chercher son cheval, Ivanowitche paraît, le sabre à la main. Ivanowna pousse un cri.)

SCÈNE XIII

LES PRÉCÉDENTS, IVANOWITCHE, SOLDATS

IVANOWITCHE, criant aux soldats qui fuient :

Arrêtez... lâches!... lâches!...

(Il s'élance à gauche et se met en travers du sentier.)

IVANOWITCHE, aux soldats qui veulent passer.

Le premier qui s'approche, je le tue!...

TOUS.

Tout est perdu... Laisse-nous passer...

(De nouveaux fuyards arrivent, la scène s'encombre. Tumulte, cris.)

TOUS, furieux et se poussant.

Laisse-nous passer?... Laisse-nous passer!...

IVANOWITCHE.

Non!...

(Un soldat couche Ivanowitche en joue. Ivanowna se précipite sur lui et lève son fusil. Le coup part. Souworow paraît au milieu d'un groupe d'officiers. Il est défait, couvert de sang, et regarde d'un œil sombre sa colonne en déroute. La fusillade cesse.)

SCÈNE XIV

LES PRÉCÉDENTS, SOUWOROW, OFFICIERS D'ÉTAT-MAJOR

SOUWOROW, d'une voix tonnante.

A vos rangs !... Reformez la colonne... C'est moi, Souworow, qui vais vous conduire ! (Grand silence, aucun soldat ne bouge.) Soldats... c'est votre père Souworow qui parle... A vos rangs !... En avant !...

(Silence. Tous les soldats baissent les yeux, ou détournent la tête devant le regard de leur chef.)

SOUWOROW, d'une voix tremblante de colère.

N'êtes-vous plus les soldats de Praga, de Cassano, de la Trebia, de Novi ? N'êtes-vous plus les enfants de la sainte Russie ? Une poignée de républicains athées vous fait peur ! A vos rangs !... En colonne !... Suivez le vieux Souworow !... A vos rangs !...

(Il fait mine de partir, puis regarde ; aucun ne bouge. Plusieurs s'affaissent, la tête sur les genoux, comme désespérés. — Grand silence.)

SOUWOROW, d'une voix saccadée.

Vous refusez de suivre votre chef... votre vieux père... celui que le Tzar a mis à votre tête... vous refusez? (Tous les soldats se détournent. La figure de Souworow se décompose. D'une voix navrante :) C'est bien! les braves sont morts... Souworow doit aussi mourir! Qu'on creuse ici ma fosse... (Il arrache ses décorations et les jette à terre.) On dira de vous : — Ils ont abandonné leur vieux général... ce sont des lâches!... (Jetant son épée.) Qu'on me tue... Qu'on me couvre de terre... Souworow a vécu trop longtemps!...

(Il s'étend à terre tout du long. Immense sanglot des soldats, qui se relèvent en criant : — Père, lève-toi! Père, lève-toi!... — Souworow ne bouge pas et ne répond pas. Il se couvre la face des deux mains. Un vieux soldat le prend à bras le corps, et le soulève en criant : — Père... lève-toi... nous marchons !...)

HATTOUINE, aidant le vieux soldat.—D'une voix attendrie :

Lève-toi, Basilowitche, mon fils, ils marcheront tous!... N'est-ce pas, vous autres?

TOUS LES SOLDATS.

Oui... oui... en avant... conduis-nous !...

(Souworow se relève et regarde Hattouine, les yeux pleins de larmes. Tous les soldats se pressent autour de lui : les uns s'agenouillent, d'autres lui baisent les mains, d'autres lui présentent son épée, en criant : — Pardonne-nous, père... Reprends ton épée... Nous mourrons pour toi jusqu'au dernier !)

SOUWOROW, reprenant son épée.

C'est bien!... je vois que vous êtes toujours mes enfants... Je vais vous conduire... Nous mourrons tous, ou nous passerons!...

TOUS LES SOLDATS, agitant leurs armes.

Oui... oui... En avant!... en avant!...

(Souworow remonte à cheval. La charge bat.)

QUATRIÈME TABLEAU

L'ESPION

Scène de nuit. Le plateau d'Ospizio, sur le Saint-Gothard. On découvre autour les cimes de Fiendo, de Fibia, de Stella, de Gospis, toutes blanches de neige. La route partage la scène. A gauche, un vieil hospice incendié, où flotte le drapeau russe ; il ne reste plus que les pignons, quelques piliers sur le devant, les poutres carbonisées, et les arêtes du toit. A droite, un hangar. Contre un des pignons de l'hospice, s'adossent une suite d'étables à moitié ruinées ; contre l'autre, une sorte de grange, dont les lucarnes et la porte sont vivement éclairées de l'intérieur. Le reste du paysage est sombre ; des torches s'y promènent, la lune brille sur les glaciers. Plusieurs détachements font leur appel ; les plus éloignés s'entendent confusément ; le plus proche en ligne, sur la droite de la route, est une compagnie du régiment de Rymnik. On remarque dans les rangs des têtes bandées, des vêtements sanglants. C'est le tableau du soldat après une action meurtrière. Deux sous-officiers, sur le front de bataille, continuent l'appel ; l'un tient en l'air une torche, l'autre lit les noms. Devant le hangar, Hattouine et Ivanowna détellent leur charrette ; elles conduisent leur cheval dans l'étable en face, et de temps en temps se retournent pour écouter.

SCÈNE PREMIÈRE

LA COMPAGNIE DU RÉGIMENT DE RYMNIK, LES DEUX SOUS-OFFICIERS, HATTOUINE, IVANOWNA, PUIS LE COLONEL D'ÉTAT-MAJOR MANDRIKINE.

LE PREMIER SOUS-OFFICIER, lisant.

Bélinski?

UN SOLDAT.

Présent.

LE SOUS-OFFICIER.

Bistraya?

UN SOLDAT.

Présent.

LE SOUS-OFFICIER.

Kolskow?

PLUSIEURS SOLDATS.

Disparu.

(Le sous-officier écrit.)

LE SOUS-OFFICIER.

Pousckine?

PLUSIEURS.

· Mort.

LE SOUS-OFFICIER.

Lermanskoff?

PLUSIEURS.

Blessé.

LE SOUS-OFFICIER.

Nichipoure?

(Silence. Arrive le colonel d'état-major Mandrikine par le fond.)

MANDRIKINE, criant.

Allons, dépêchons-nous... Le feld-maréchal arrive! Il veut avoir le relevé tout de suite.

LE SOUS-OFFICIER répétant.

Nichipoure?

(Silence.)

MANDRIKINE, avec impatience.

Personne ne sait ce qu'est devenu Nichipoure? (Silence. Au sous-officier.) Portez-le disparu.

LE SOUS-OFFICIER, continuant l'appel.

Swerkoff?

UN SOLDAT.

Présent.

LE SOUS-OFFICIER.

Mikola?

PLUSIEURS.

Blessé.

LE SOUS-OFFICIER.

Garabetz?

PLUSIEURS.

Mort.

MANDRIKINE.

C'est fini?

LE SOUS-OFFICIER.

Oui, colonel.

MANDRIKINE.

Eh bien, donnez! (Il parcourt la liste et compte.) Seize morts, vingt-quatre disparus et blessés (Il marque sur un carnet.) 1re compagnie du 1er bataillon des grenadiers de Rymnik : Seize morts, vingt-quatre blessés? (Additionnant.) Pour le régiment de Rymnik, total : 319 hommes hors de combat; pour la colonne, en tout onze cent vingt-cinq.

(Souworow paraît au fond, avec son état-major.)

SCÈNE II

LES PRÉCÉDENTS, SOUWOROW, OFFICIERS
D'ÉTAT-MAJOR

LE SOUS-OFFICIER.

Portez armes ! Présentez armes !

SOUWOROW, à Mandrikine.

Eh bien, Mandrikine ?

MANDRIKINE.

Voici le relevé, feld-maréchal.

(Il lui présente le carnet.)

SOUWOROW, jetant un coup d'œil.

Onze cent vingt-cinq hommes... C'est bien... Tout a bien marché ! (Reconnaissant le régiment de Rymnik.) Ah ! ah ! les grenadiers de Rymnik !... Vous voilà... Je suis content de vous, garçons... Vous avez bravement réparé un moment de panique... C'était difficile... les athées s'étaient bien retranchés... ils se sont bien défendus... mais nous sommes entrés tout de même ! (Il rit.) Nous sommes toujours les enfants de la sainte Russie... C'est très-bien. (Il mit pied à terre, et se promène devant le front de la compagnie.) Oui, le plus difficile est fait... Nous voilà sur le Saint-Gothard, nous n'aurons plus qu'à descendre. (D'une voix plus grave, en s'arrêtant.) Je veux vous montrer ma satisfaction, grenadiers de Rymnik, c'est votre régiment qui fournira la garde d'honneur à Souworow, jusqu'à nouvel ordre. Vous pourrez dire plus tard, j'étais du régiment de Rymnik, à la grande attaque du Saint-Gothard, et le même soir nous montions la garde près d'Alexis Basilowitche Souworow, au haut de la montagne, vous pourrez le dire ! (Se remettant à marcher.) Toute l'armée a fait son devoir. Quand les mules arriveront, je veux que chaque homme reçoive double ration d'eau-de-vie. (Au capitaine de la compagnie.) Maintenant faites rompre les rangs... Tâchons de nous reposer... Il va falloir poursuivre les athées au petit jour.

LE CAPITAINE, à ses soldats.

Portez armes ! Reposez armes ! Rompez les rangs !

(Les soldats rompent les rangs et mettent leurs fusils en faisceaux. Puis ils ôtent leurs sacs et se groupent par escouades.)

SOUWOROW, au milieu de ses officiers.

Messieurs, je n'ai rien de particulier à vous dire. Il s'agit de réparer le temps que les Autrichiens nous ont fait perdre à Bellinzona. Nous sommes le 25 septembre; le 26 nous serons à Wasen, le 27 à Altorf, et le 28 nous attaquerons Masséna par derrière, pendant que Korsakow le poussera de front. Ce sera l'action décisive de la campagne. Nous avons écrasé Joubert, Moreau, Macdonald en Italie; nous écraserons Masséna en Suisse. Après cela, en route pour Paris ! Là, nous pourrons nous reposer, après avoir rétabli les Bourbons sur leur trône. Le plan est simple... Ainsi pas de retard... (Regardant sa montre.) Il est minuit, à quatre heures la diane ! Qu'on se procure du bois, qu'on allume les feux du bivac, si c'est possible... Les sacs et les gourdes ne doivent pas encore être tout à fait vides. (A un général.) Bagration, je vous retiens à souper. (Saluant les autres.) Messieurs !

(Les officiers saluent et se retirent. Bagration, Souworow et Mandrikine se dirigent vers la grange et passent devant le hangar, où Haltouine vient d'allumer son feu, pendant les scènes précédentes.)

SCÈNE III

SOUWOROW, BAGRATION, MANDRIKINE, HATTOUINE IVANOWNA, QUELQUES SOLDATS DE RYMNIK

SOUWOROW, d'un accent joyeux, à Hattouine.

Hé ! c'est toi, *matouchka* ?

HATTOUINE.

Oui, Basilowitche, c'est moi.

SOUWOROW.

Tu suivras donc toujours les armées avec ton kibith ?

HATTOUINE.

Toujours, Basilowitche, toujours... Qu'est-ce que je puis faire? Il faut bien que je suive mes enfants... je suis la mère du bataillon.

SOUWOROW, à Bagration.

Voyez, Bagration, voilà notre plus vieille *matouchka*... la vieille des vieilles... Quel âge as-tu, *matouchka* ?

HATTOUINE.

Oh ! qu'est-ce qui peut savoir? Depuis longtemps je ne compte plus les années, Basilowitche, depuis bien longtemps !

SOUWOROW.

Combien de fois tu m'as versé le schnaps ! Tu te rappelles, à Pétersbourg ?

HATTOUINE.

Si je me rappelle! c'était pendant les grandes manœuvres de la garde, il y a cinquante ans. Tu étais alors sous-officier !... Tu ne pensais pas, je serai feld-maréchal, Rymnikski, prince Italikski... hé! hé! hé! Et moi je te disais : Basilowitche, courage, courage... Tiens, bois ce verre de schnaps... Conserve-toi, mon fils !

SOUWOROW, attendri.

C'est vrai, *matouchka*. (A Bagration.) Elle me disait ça, Bagration. Ah ! vieille *matouchka*, que je suis content de te voir en bonne santé... Tu n'as besoin de rien ? Rien ne te manque ?

HATTOUINE.

Rien, Basilowitche.

SOUWOROW.

Tu as de l'eau-de-vie dans ta tonne ?

HATTOUINE.

Un peu... un peu... Le chirurgien, en bas, m'en a pris beaucoup pour les blessés, je n'en ai presque plus.

SOUWOROW.

Eh bien, verse le reste à ces braves enfants, verse-leur tout; les mules vont venir, on remplira la tonne jusqu'au haut, je le veux... Allons, *matouchka*, bonne nuit! Tu dois être bien lasse?

HATTOUINE.

Oui, les chemins d'Italie valaient mieux que celui-ci; je marchais tout doucement, tout doucement derrière les enfants !

SOUWOROW, riant.

Ah ! voyez-vous ça... les bons chemins... Elle aime les bons chemins ! Et la gloire, *matouchka*, la gloire, tu comptes ça pour rien ?

HATTOUINE.

La gloire est pour Souworow, les vilains chemins sont pour tout le monde.

SOUWOROW, riant.

Hé ! hé ! hé ! la vieille *matouchka* qui me dit

ses vérités. (Il s'éloigne. A la porte de la grange il se retourne.) Allons, Bagration.

(Ils entrent.)

SCÈNE IV

HATTOUINE, IVANOWNA, LES SOLDATS

LES SOLDATS, autour de Hattouine.

Eh bien, *matouchka*, le feld-maréchal a dit que tu nous donnes du schnaps.

HATTOUINE.

Oui, mais ne criez pas si fort, les autres là-bas vont vous entendre.

TOUS, regardant autour d'eux.

Chut! chut!

UN SOLDAT, frappant à la tonne.

Hé, hé! il en reste.

UN AUTRE, marquant du doigt.

Jusque-là.

IVANOWNA.

Commencez par arranger le feu; la marmite est pleine de neige, il faut un bon feu pour la fondre.

HATTOUINE.

Oui, et puis mettez une botte de paille là, pour que je puisse bien m'asseoir.

LES SOLDATS.

Tout de suite, *matouchka*, tout de suite !

(Ils s'empressent de traîner la paille des étables.)

HATTOUINE.

Et une autre ici, pour Ivanowna.

Les soldats obéissent ; Hattouine s'assied, puis sort le gobelet de sa poche. Les soldats, en cercle autour d'elle, la regardent d'un air d'adoration.)

UN SOLDAT.

Ça va faire du bien.

HATTOUINE, tournant le robinet.

Voilà ! (Tous tendent la main.) Attendez... le plus ancien d'abord.

UN SOLDAT.

C'est moi. (Tous regardent en silence. Hattouine lui remet le gobelet ; il boit à petites gorgées, puis hume ses moustaches, et recueille les dernières gouttes dans sa main, en disant :) C'est dommage que ce soit sitôt fini.

HATTOUINE, versant.

Maintenant, le second.

(Même jeu : Le troisième, le quatrième, etc.)

UN SOLDAT, pendant cette scène, frappant à la tonne.

Il en reste toujours, il en reste.

HATTOUINE.

Allons, c'est ton tour.

LE SOLDAT, recevant le gobelet.

Hé! vers la fin, j'avais peur.

(Il boit en riant.)

PLUSIEURS, frappant à la tonne.

Il en reste encore.

UN SOLDAT.

Le feld-maréchal a dit qu'on vide la tonne, *matouchka*, et qu'on la remplirait avec l'eau-de-vie des mulets.

D'AUTRES SOLDATS.

Il l'a dit, *matouchka*, il l'a dit.

HATTOUINE.

Quand les mules arriveront, je vous donnerai le reste, pas avant. C'est assez!

PLUSIEURS, avec expression.

Oh! *matouchka*, il fait si froid.

HATTOUINE, remettant le gobelet dans sa poche.

C'est bon pour une fois.

UN SOLDAT, faisant mine de l'embrasser.

Oh! *matouchka!*...

HATTOUINE, d'un ton fâché.

Allons, vilains ivrognes, n'avez-vous pas chacun votre part?

PLUSIEURS.

Ne te fâche pas, *matouchka*, ne te fâche pas! C'est assez... Quand les mules viendront, tu nous verseras le reste.

(Alors ils font mine de danser; ils se balancent, en faisant claquer les pouces d'un air grotesque, et Hattouine rit.)

IVANOWNA, regardant dans la marmite.

La neige est fondue, l'eau commence à bouillir, mère Hattouine.

HATTOUINE.

Ah! c'est bon... Va chercher la farine.

IVANOWNA.

Il n'y en a plus guère, mère Hattouine. (Aux soldats.) Si vous voulez avoir votre part de la soupe, que chacun vide son sac. (Ivanowna va chercher un petit sac sur la charrette; elle en vide le contenu dans la marmite.) Voilà ce qui reste!

(Plusieurs soldats ouvrent aussi leur sac et vident leurs provisions dans la marmite, puis ils s'asseyent en rond autour du feu.)

HATTOUINE,
remuant le contenu de la marmite avec une grande cuiller de bois.

De la farine mouillée... des croûtes de pain cuites dans l'eau de neige, sans sel et sans beurre... ça ne peut pas faire une bonne soupe.

UN SOLDAT.

Nous la mangerons tout de même, va, *matouchka*... Oh! si tu savais comme nous avons faim!...

(En ce moment, Ogiski, déguisé en vieux pope, la longue barbe grise tombant sur la poitrine, le caftan vert, bordé de peau de mouton, serré aux reins, le colback tiré sur les oreilles, un grand bâton à la main et le chapelet à la ceinture, passe lentement devant l'hospice, en suivant la route. Il regarde à droite et à gauche, comme un homme qui cherche son chemin. A la vue du drapeau russe flottant sur l'hospice, il s'arrête et semble réfléchir.)

SCÈNE V

LES PRÉCÉDENTS, OGISKI déguisé en vieux pope.

UN SOLDAT, se retournant.

Un pope!

TOUS.

Oui, un pope!

OGISKI, à part.

Voici le quartier général !

HATTOUINE, élevant la voix.

Où vas-tu donc, pope, si tard ?

OGISKI, se retournant, et levant la main pour bénir.

Que le grand saint Nicolas soit avec vous !

TOUS.

Amen !

OGISKI, à Hattouine.

Je vais rejoindre mon régiment, *matouchka*. (A part, descendant vers Hattouine.) Il faut que je reste ici.

HATTOUINE.

Et quel est ton régiment ?

OGISKI.

La quatrième des Cosaques.

HATTOUINE.

Oh ! les Cosaques... les Cosaques sont bien loin en avant; ils poursuivent les républicains, là-bas, sur l'autre pente de la montagne. Reste plutôt avec nous... chauffe-toi... demain au jour tu partiras. Tu pourrais te perdre dans ces mauvais chemins, et tomber.

OGISKI.

Oui, *matouchka*, tu as raison... il fait bien noir... et je ne suis plus jeune...

HATTOUINE, remplissant son gobelet d'eau-de-vie.

Tiens, bois un coup de schnaps, pope, ça te réchauffera. Assieds-toi là, près de moi.

OGISKI, recevant le gobelet.

Que le Seigneur te le rende, bonne *matouchka*.

(Il boit.)

HATTOUINE, aux soldats.

Vous voyez, maintenant, si je vous avais tout donné, le bon pope n'aurait rien eu !

OGISKI, s'asseyant.

Eh bien ! oui, je reste avec mes enfants, mes bons enfants !...

IVANOWNA.

Vous êtes bien en retard sur les Cosaques, bon pope ?

OGISKI.

C'est vrai, ma fille, c'est vrai... les chemins sont difficiles... Et puis, à chaque pas, des blessés qu'il fallait bénir !

HATTOUINE.

Ah! oui... les morts et les blessés ne manquent pas!... J'en ai vu partout depuis des années; mais dans un seul chemin, jamais autant!

OGISKI, levant les mains.

Seigneur, reçois leurs âmes... Qu'elles montent au pied de ton trône... Qu'elles soient heureuses dans les siècles des siècles !

LES SOLDATS, faisant le signe de la croix.

Ainsi soit-il!... ainsi soit-il.

OGISKI, levant le couvercle de la marmite.

Vous aurez de la soupe ce soir, mes enfants... Il n'y en a pas beaucoup qui ont de la soupe, ce soir... J'ai vu toutes les marmites vides, en traversant les bivacs.

HATTOUINE.

Hé! c'est de la mauvaise soupe sans beurre, avec des croûtes de pain et de l'eau de neige; mais à la guerre comme à la guerre. Si tu en veux, bon pope, je t'en emplirai mon écuelle.

OGISKI.

Je veux bien, *matouchka!* Oui... oui... je le vois, le Seigneur m'a fait la grâce de me conduire, il me tenait par la main. Qu'il soit loué mille fois, avec saint Nicolas, notre glorieux patron.

(Ivanowna commence alors à emplir les gamelles. Elle donne la première à Ogiski. Chaque soldat reçoit ensuite la sienne, et mange en la tenant entre ses genoux.)

IVANOWNA.

Prenez garde, bon pope, elle est chaude, il faut souffler... (Elle se met aussi à manger. Silence.)

HATTOUINE.

Eh bien, pope, comment la trouves-tu?

OGISKI, mangeant.

J'en ai mangé de meilleure, *matouchka*, mais quand on a faim...

UN SOLDAT.

Ah! *matouchka,* quelle différence avec les bonnes soupes d'Italie!...

HATTOUINE.

Oui, nous avons mangé notre pain blanc le premier. Rien ne peut venir dans ce pays de montagnes... les gens doivent être pauvres... Je crois que nous attraperons plus de coups de fusil que de bons morceaux... Souworow aurait mieux fait de nous laisser là-bas, où tout allait si bien !

(Elle mange. Plusieurs soldats, après avoir vidé leurs gamelles, font leurs préparatifs pour dormir. Ils arrangent leurs sacs au fond du hangar. D'autres cherchent une botte de paille et s'étendent dessus en disant : « Bon sommeil, camarades ! » Ivanowna entre dans la première étable et revient aussitôt.)

IVANOWNA.

Oh ! le bon lit de feuilles, mère Hattouine, tu ne viens pas dormir ?

HATTOUINE.

Non, je n'ai pas encore sommeil... j'aime mieux rester près du feu.

(Elle rapproche sa botte de paille et regarde le feu, les mains croisées autour des genoux. Ivanowna se penche derrière elle et l'embrasse.)

IVANOWNA.

Eh bien, bonsoir, mère Hattouine.

HATTOUINE.

Bonsoir, mon enfant, couvre-toi bien.

IVANOWNA.

Et vous aussi, bon pope, dormez bien.

OGISKI.

Que le Seigneur veille sur toi !

(Il lève la main ; elle entre dans l'étable. On entend au loin le cri de : — Qui vive ? — des sentinelles qui se répondent, puis tout se tait.)

SCÈNE VI

HATTOUINE, OGISKI

OGISKI.

Elle t'aime bien, la belle enfant!...

HATTOUINE.

Je l'aime bien aussi... nous nous aimons depuis longtemps.

OGISKI.

C'est ta fille ?

HATTOUINE.

Non, pope, non, je n'ai pas de fille... je n'ai pas de garçon.

OGISKI.

Je te croyais sa mère.

HATTOUINE.

Si l'on peut appeler une mère celle qui

nous prend, qui nous donne son pain, qui nous aime... je suis bien sa mère. (Silence.) Te rappelles-tu la dernière guerre contre les Polonais, pope ?

OGISKI, d'un accent rêveur.

Oui, je me rappelle cette guerre.

HATTOUINE.

Et la prise de Praga ?

OGISKI, du même ton.

Très-bien...

HATTOUINE.

Et le pillage ?

OGISKI.

Ces choses, je les vois... Ceux qui les ont vues ne les oublieront jamais.

HATTOUINE.

Eh bien, ce jour-là, quand tout brûlait... que dans chaque maison on entendait de grands cris, des pleurs, des coups de fusil, et que tout s'en allait en fumée... ce jour-là, pope, j'étais avec ma charrette devant une église.

OGISKI.

Quelle église ?

HATTOUINE.

Une église couverte en ardoises, le clocher rond.

OGISKI.

Toutes les églises de Praga sont couvertes en ardoises, et leurs clochers sont ronds... Mais qu'est-il arrivé ?

HATTOUINE.

J'étais donc là... et j'attendais la fin du grand pillage, en regardant les pauvres Polonais, qu'on poursuivait à coups de fusil dans les rues, et qui se sauvaient, pleurant et criant...

OGISKI, l'interrompant.

C'est bien... c'est bien... j'ai vu les mêmes choses... mais l'enfant ?...

HATTOUINE.

Je l'ai trouvée derrière l'église, dans un coin plein de sang, au milieu de beaucoup d'autres... des vieux et des jeunes !... La pauvre enfant était comme morte... elle avait reçu un coup de lance... Je l'ai prise, car elle était belle et cela me faisait de la peine. (Ogiski cache sa figure dans ses mains.) Je l'ai donc emmenée sur mon *kibitk*... Le chef de bataillon criait bien... mais au bout de trois mois elle dansait et chantait sur la charrette, et tous les soldats l'aimaient; alors le vieux Zoritch finit par s'attendrir, et jusqu'à sa mort il disait : — C'est l'enfant du 1er bataillon de Rymnik... C'est notre Ivanow; eu

OGISKI.

Ah ! c'est ainsi qu'elle est ta fille !

HATTOUINE.

Oui, c'est une Polonaise. (Riant.) Et fière comme une Polonaise... Si tu savais?...

OGISKI.

Quoi ?

HATTOUINE.

Elle ne veut pas d'un soldat... Elle veut un officier.

OGISKI.

Quel officier?

HATTOUINE.

Hé ! pour se marier... Elle veut un brave...

8

Elle ne peut pas voir les lâches... C'est une vraie Polonaise !

OGISKI, avec un sourire amer.

Et pas un officier ne veut d'elle?

HATTOUINE.

Oh! si... un jeune officier! Ce n'est pas un noble, mais un enfant de troupe de Rymnik, le fils d'un soldat... un brave... Axenti Ivanowitche. Souworow l'aime... c'est lui qui a porté les ordres à Korsakow.

OGISKI.

Quels ordres?

HATTOUINE.

Hé! pour la grande bataille du 28.

OGISKI.

Il a porté cet ordre?

HATTOUINE.

Oui; et. Souworow lui a dit : — Tâche que je me souvienne de toi, Ivanowitche!

OGISKI.

C'est un grand honneur, *matouchka*, un grand honneur pour Ivanowitche.

HATTOUINE.

Oui! Et maintenant nous allons descendre en Suisse; après-demain nous arriverons près d'un grand lac, que nous tournerons à gauche; c'est Souworow qui l'a dit aux officiers, et nous serons derrière les républicains, pendant que Korsakow les attaquera en face.. Hé! hé! hé! Ivanowitche deviendra capitaine, et nous irons nous marier à Paris.

OGISKI.

Dieu t'entende, *matouchka*, c'est bien!...

(En ce moment, le cri de : — Qui vive? — s'élève; ils écoutent. Puis arrive un cosaque au galop du fond de la scène; il se dirige vers la grange, où Souworow et Bagration sont entrés.)

OGISKI.

Une estafette...

HATTOUINE.

Oui... le vieux Souworow est comme nous... il ne dort pas... Il donne des ordres, il reçoit des nouvelles, il répond jour et nuit.

(Un officier d'état-major sort de la grange.)

SCÈNE VII

LES PRÉCÉDENTS, L'ESTAFETTE, L'OFFICIER

L'OFFICIER, au cosaque.

Tu viens?

LE COSAQUE.

Du Maderaner Thâl, près du pont d'Amsteig, à sept lieues d'ici.

L'OFFICIER.

Ta dépêche est?

LE COSAQUE.

Du général Auffemberg.

L'OFFICIER, recevant la dépêche.

C'est bon, tu peux mettre pied à terre!

(Il rentre dans la grange. Le cosaque met pied à terre et regarde à droite et à gauche. Il est tout blanc de givre; des glaçons pendent à sa barbe.)

OGISKI, à Hattouine.

Il a bien froid... tu devrais l'appeler, *matouchka*.

SCÈNE VIII

LES PRÉCÉDENTS, moins L'OFFICIER

HATTOUINE, à l'estafette.

Hé! hé! tu n'as pas l'air d'avoir trop chaud, cosaque!

LE COSAQUE.

Non, *matouchka,* non, je n'ai pas chaud.

HATTOUINE.

Attache ton cheval, et viens te chauffer... Viens prendre un verre de schnaps.

LE COSAQUE, attachant son cheval au pilier du hangar.

Je veux bien, *matouchka*... Oh! ho! (Il grelotte.)

OGISKI.

Tu as l'onglée?

LE COSAQUE.

Oui, l'air est plein de grésil, et quand on galope cinq heures, ça vous entre dans le sang. (Il boit.) Hé! ceci fait du bien!... Ça réchauffe.

(Il rend le gobelet à Hattouine et veut la payer.)

8.

HATTOUINE.

Garde tes *kopecks*... C'est le schnaps de Souworow que je verse... Il fera remplir la tonne... Garde tes *kopecks!*

LE COSAQUE.

Alors, Dieu te le rende, et à Souworow.

(Il remet les kopecks dans sa poche et se chauffe, les mains étendues sur la flamme.)

OGISKI.

Tu as couru cinq grandes heures... C'est dur, la nuit, et sur des pentes glissantes.

LE COSAQUE.

Oui, pope, c'est dur! Les chevaux glissent malgré les pointes de fer; ils tremblent. Il faut toujours serrer la bride, et le vent vous coupe la figure.

OGISKI.

Il se passe donc des choses graves là-bas, pour faire courir tellement le pauvre monde?

LE COSAQUE.

Non, pope, je viens dire que tout va bien; les républicains seront bientôt tournés.

OGISKI.

Tournés!... Comment... Par qui?

LE COSAQUE.

Par la colonne du général autrichien Auffemberg, qui est partie d'Ilanz, pendant que Souworow attaquait le Gothard. Les républicains ne se doutent de rien; ils sont de l'autre côté du pont, et ne savent pas qu'Auffemberg s'avance derrière eux.

OGISKI.

Combien sont-ils?

LE COSAQUE.

Huit ou neuf cents, au pied du Saint-Gothard, avec leur général Gudin; mais quatre à cinq mille autres viennent à leur secours par la vallée de la Reuss, avec le général Lecourbe; et, quand ils seront réunis, on les attaquera devant et derrière. Ils seront forcés de mettre bas les armes.

HATTOUINE, riant tout haut.

Ha! ha! ha! c'est un tour de Souworow...

Voyez-vous... voyez-vous la malice du vieux renard! Plus il devient vieux, plus il attrape de finesse... Ah! vont-ils être étonnés, les républicains... Ha! ha! ha! vont-ils être étonnés! (Elle rit aux éclats.) Tu ne ris pas, pope; tu ne comprends pas...

OGISKI, se mettant à rire.

Hé! hé! hé! oui, je comprends... Auffemberg arrive derrière... Mais par où... par où?

LE COSAQUE.

Par la droite, pope. Tiens, voici la montagne (il montre du pied) : Auffemberg est ici, sur la droite de la Reuss, les républicains sont là, sur la rive gauche; ils remontent la vallée pour venir rejoindre ceux que vous avez repoussés du Gothard, et quand ils auront tous défilé, demain matin, vers sept ou huit heures, Auffemberg passera le pont d'Amsteig avec deux mille hommes et les attaquera par derrière, pendant que les dix-huit mille de Souworow descendront la montagne et les attaqueront en face. Ils n'auront pas de retraite.

HATTOUINE, s'essuyant les yeux de la manche.

Ah! vieux Souworow! j'étais sûre que tu ferais un bon tour aux républicains... ça ne pouvait pas manquer!

(L'officier ressort en ce moment de la grange et regarde.)

SCÈNE IX

LES PRÉCÉDENTS, L'OFFICIER

L'OFFICIER, criant.

Estafette!

LE COSAQUE.

Capitaine.

L'OFFICIER.

Arrive! Le feld-maréchal te demande.

(Le cosaque jette son manteau sur son cheval, et entre dans la grange avec l'officier.)

SCÈNE X

HATTOUINE, OGISKI

OGISKI, se levant et s'approchant du cheval.

Comme la pauvre bête a chaud!

HATTOUINE.

Oui... elle fume... elle a bien couru...

OGISKI.

Le cosaque va peut-être rester longtemps... Le cheval risque d'attraper froid... Si l'on pouvait l'abriter ?...

HATTOUINE. se levant.

Attends, pope, je vais voir s'il reste de la place.

(Elle entre dans la seconde étable.)

SCÈNE XI

OGISKI, seul.

OGISKI, vivement, en mettant la main dans les fontes.

Les pistolets y sont... c'est bien ! (Regardant de tous côtés.) Personne ! la sentinelle tourne le dos !.. Il faut que Lecourbe soit prévenu... qu'il arrête son mouvement...

(Il regarde encore. Hattouine ressort.)

SCÈNE XII

OGISKI, HATTOUINE, sur la porte de l'étable.

HATTOUINE.

La place ne manque pas... mais des soldats sont couchés à terre...

OGISKI, qui a fait un geste menaçant.

Le cheval pourrait marcher dessus, *matouchka*, il faut prendre garde !

HATTOUINE.

Oui, je pensais à ça.

OGISKI.

Eh bien, prends un tison... va voir un peu dans l'étable à côté. (Il montre l'autre étable.)

HATTOUINE, prenant un tison.

Je vais voir, pope, je vais voir.

(Elle entre dans l'autre étable.)

OGISKI, vivement.

Allons !

(Il se jette le manteau du cosaque sur les épaules, détache le cheval, monte dessus, et part d'abord au trot, puis plus loin on l'entend prendre le galop. La sentinelle, après l'avoir regardé passer, reprend sa marche. Au même instant Hattouine ressort et regarde.)

SCÈNE XIII

HATTOUINE, puis le COSAQUE

HATTOUINE, sur la porte de l'étable.

Il n'y a pas de place... (Regardant.) Où donc est le pope ? Il sera bien sûr entré dans l'autre étable... Oui, il aura conduit le cheval à côté, c'est un bon pope !

(Elle s'assied devant le feu; au même instant, le cosaque sort de la grange et s'avance.)

LE COSAQUE, arrivant.

Eh bien, *matouchka*, voilà mon service fini jusqu'au petit jour.

HATTOUINE.

Tu veux encore un verre de schnaps ?

LE COSAQUE.

Oui, après ça, je me couche et je dors, (Hattouine lui verse un verre d'eau-de-vie, il boit.) Mais où donc est mon cheval ?

HATTOUINE.

Le pope l'a conduit dans l'étable.

LE COSAQUE.

Ah ! c'est bon... c'est bon. (Au bout d'un instant.) Je voudrais bien avoir mon manteau, pour dormir; dans quelle étable est le cheval?

HATTOUINE.

Je ne sais pas... j'étais entrée là, pour chercher une bonne place, et puis en sortant le pope et le cheval étaient partis; j'ai pensé qu'ils étaient à côté.

LE COSAQUE,
prenant un tison avec vivacité, court à l'étable et regarde.

Le cheval n'est pas ici ! (Il court à l'autre.) ni là !... (Se retournant et criant.) Ce pope est un voleur !

HATTOUINE.

Non, cosaque, il avait une bonne figure.

LE COSAQUE, d'une voix brusque.

Sentinelle, tu n'as pas vu passer un homme?

LA SENTINELLE, se retournant.

Un homme à cheval, — l'estafette, — il est reparti.

LE COSAQUE, avec fureur.

L'estafette, c'est moi ! Le pope est un voleur! (A Hattouine.) Je te dis, femme, que ce pope est un voleur.

HATTOUINE.

Il avait l'air d'un si brave homme.

LE COSAQUE, criant plus fort.

Je veux ravoir mon cheval, mon manteau !.., Sentinelle, m'entends-tu, c'est toi qui me réponds de tout !...

(L'officier sort brusquement de la grange ; les soldats endormis se lèvent, puis d'autres sortent des étables, d'autres arrivent par le fond : la scène s'encombre.)

SCÈNE XIV

LES PRÉCÉDENTS, L'OFFICIER D'ÉTAT-MAJOR
puis SOUWOROW

L'OFFICIER.

Qu'est-ce que c'est? Pourquoi ces cris?

LE COSAQUE.

On a pris mon cheval, mon manteau, mes pistolets, capitaine.

L'OFFICIER.

Qui ?

LE COSAQUE.

Un misérable pope... un voleur !...

SOUWOROW, sortant avec précipitation.

Un pope a pris ton cheval... quand?...où?...

LE COSAQUE, consterné.

Feld-maréchal, il était là, sous le hangar, il se chauffait... Je me suis approché quelques instants... j'avais attaché mon cheval à ce pilier... et puis, quand le feld-maréchal m'a fait venir, il a profité...

SOUWOROW, brusquement.

Avant d'entrer, tu t'es approché du feu?

LE COSAQUE.

Oui, feld-maréchal.

SOUWOROW.

Tu as parlé... qu'est-ce que tu as dit? (Le cosaque paraît consterné. — A Hattouine.) Qu'est-ce qu'il a dit?

HATTOUINE.

Ne te fâche pas, Basilowitche, mon fils, il n'a rien dit... Il a dit que les républicains étaient tournés, et que demain Auffemberg tomberait dessus par derrière.

SOUWOROW, avec explosion.

Il a dit cela!... Ce pope est peut-être un espion... (Il s'élance le bras levé, pour frapper; le cosaque croise les mains sur la poitrine et courbe la tête.) Misérable, je te casse. (Lui arrachant son sabre.) Tu es trop bête pour porter des dépêches, tu porteras le sac... (Criant.) Qu'on coure après ce pope... il me le faut... (A Hattouine.) Quelle est la couleur de son cheval?...

(Un officier entre au galop, suivi d'une douzaine de cosaques, et s'avance vers Souworow, chapeau bas.)

HATTOUINE.

C'est un cheval blanc, Basilowitche...

SOUWOROW, à l'officier.

Un homme déguisé en pope, monté sur un cheval blanc, avec un manteau de cosaque... il me le faut dans vingt minutes... Allez!... (L'officier sort au galop. Souworow se retourne vers le cosaque, qui est resté la tête penchée et les mains croisées sur la poitrine.) Une estafette se laisser prendre son cheval, son manteau, ses pistolets... (S'exaltant à mesure qu'il parle.) bavarder dans le service comme une femme...

raconter les mouvements de l'armée au premier venu... compromettre le succès des opérations... (Apercevant un caporal en face de lui.) Caporal, cinquante coups de knout à cet homme !...

LE COSAQUE, tombant à genoux, les mains étendues.

Père... pardonne à ton fils !...

(Grand silence. Le caporal s'approche le knout à la main. Arrivé près du cosaque, il tourne la tête vers Souworow, et semble l'interroger du regard.)

SOUWOROW, d'une voix rude, la main étendue.

Frappe !...

(Le caporal lève son knout... Quelques coups de feu retentissent au loin, à gauche.)

CINQUIÈME TABLEAU

LA DÉFENSE DU PONT

La petite place d'Andermatt; elle est entourée de vieilles maisons à la mode suisse : Galeries et escaliers extérieurs sur piliers, toitures plates chargées de pierres, etc. L'auberge du Cheval-Blanc à droite ; pont au fond, d'une seule arche, sur la Reuss. Le jour arrive, ses premières lueurs brillent sur les glaciers à l'horizon; la place est déserte. Un paysan à cheval traverse le pont au galop, en criant d'une voix traînante : — Levez-vous, habitants d'Andermatt, levez-vous !... l'ennemi s'avance... levez-vous !—Il traverse la scène, et frappe à coups redoublés aux volets de l'auberge. Une fenêtre s'ouvre au-dessus de la porte cochère; l'aubergiste Jacob, en bras de chemise, se penche et regarde.

SCÈNE PREMIÈRE

KASPER EVIG et L'AUBERGISTE JACOB

JACOB, criant de sa fenêtre.

Qu'est-ce qui fait ce bruit dans la nuit ? qu'est-ce qui réveille le village ?

KASPER.

C'est moi, maître Jacob, Kasper Evig, le fils de l'aubergiste de Hospenthâl, votre cousin; levez-vous bien vite... pas une minute à perdre!

(On voit des volets s'ouvrir à droite et à gauche, et des gens se pencher pour entendre.

JACOB.

Qu'est-ce qui se passe donc, Kasper?

KASPER.

Les Russes arrivent!

JACOB, d'un air étonné.

Les Russes?

KASPER.

Oui, maître Jacob, ils descendent du Saint-Gothard, ils remplissent déjà la vallée d'Urséren. Levez-vous, rassemblez votre bétail, sauvez-vous dans la montagne, ne perdez pas de temps! Ils arrivent... ils pillent tout, ils dévorent tout!... mon père m'a fait monter à cheval pour vous prévenir.

JACOB, se retournant et criant dans sa chambre.

Katel, habille-toi... les ennemis s'approchent!

UNE VOIX DE FEMME, répondant.

Oh! mon Dieu! ça ne finira donc jamais!

(Grande rumeur dans le village : les portes s'ouvrent, les habitants sortent ; l'aubergiste et sa femme paraissent aussi, à demi-vêtus.)

SCÈNE II

LES PRÉCÉDENTS, LES HABITANTS DU VILLAGE
à demi-habillés.

UN HABITANT.

Ce n'est pas possible, les Russes! Qu'est-ce qui a jamais entendu parler des Russes dans la vallée d'Urséren?

UN AUTRE.

Les Russes sont à quarante lieues d'ici, du côté de Zurich, avec leur général Korsakow.

KASPER.

Je vous dis qu'ils ont passé le Gothard... Ils arrivent d'Italie... C'est Souworow qui les commande... Les républicains se sont battus là-haut contre eux hier toute la journée; mais les autres étaient dix contre un, et les républicains ont fini par se retirer sur le mont Furça, dans les glaciers, avec le général Gudin. Maintenant les Russes descendent; leurs baïonnettes couvrent la route à plus d'une lieue. Ce sont des sauvages qui pillent tout... Voilà ce que je vous dis; si vous ne voulez pas me croire, tant pis pour vous; dans une heure, ou peut-être avant, vous verrez si j'avais raison.

(Tous les habitants, après avoir écouté en cercle, lèvent les mains d'un air désolé.)

KATEL.

Seigneur, ayez pitié de nous!

UNE FEMME.

Ce n'est pas assez d'avoir eu les Autrichiens et les Français! Il fallait encore voir arriver les Russes!

JACOB.

Oui, c'est une abomination; si cela dure, nous irons tous mendier!

UN HABITANT.

Ah! les gueux... la canaille... si nous pouvions nous défendre!

UN AUTRE.

Tais-toi, Yokel; qu'est-ce qu'une poignée de malheureux Suisses peuvent faire contre tous les brigands du monde!...

(En ce moment, d'autres fuyards traversent le pont en criant : — Les Russes arrivent!)

KASPER, montrant ces gens.

Vous entendez... Qu'est-ce que je vous ai dit?

SCÈNE III

LES PRÉCÉDENTS, LES FUYARDS arrivant de Hospenthal.

UN FUYARD, criant.

Tous les villages sont inondés!... Votre tour va venir... Apprêtez-vous!...

UN AUTRE.

Oui, c'est comme le déluge; ils descendent dans les Lignes grises, par Tavetsch et Dissentis; ils s'étendent dans le Valais par Réalp ; ils s'avancent dans la vallée d'Urséren... C'est fini... Tout est perdu !

(Ils traversent la place en courant.)

D'AUTRES, au loin.

Ils arrivent !... ils arrivent !

JACOB, d'une voix forte.

Tous ces cris ne servent à rien. Niclausse, cours chez le pâtre; qu'il sonne tout de suite de sa corne pour réunir le bétail. (Niclausse sort en courant. — A la foule:) Tâchons de sauver le bétail. Quand on a des vaches, on a du lait, du beurre, du fromage; quand on a des bœufs, on a de la viande... On ne meurt pas de faim !...

TOUS.

Oui, oui, sauvons le bétail... Le bourgmestre a raison, il faut sauver les bêtes !

JACOB.

Nous conduirons le troupeau sur le Gurschen, près du glacier ; l'ennemi n'osera jamais s'avancer jusque-là. Chacun prendra son fusil; il faut se défendre.

KASPER.

Oui, mais qu'on se dépêche, il est temps !
(La foule se disperse.)

JACOB, criant.

Et que chacun attelle sa charrette ; qu'on charge tout ce qu'on pourra, les lits, les meubles...

PLUSIEURS, courant.

Oui, bourgmestre, soyez tranquille.
(On entend sonner la corne à l'autre bout du village. La foule se disperse. Jacob et Kasper vont entrer dans l'auberge.)

SCÈNE IV

JACOB, SA FEMME, puis NICLAUSSE

JACOB, à Kasper.

Tu remercieras ton père ; on reconnaît les vieux amis dans un pareil moment.

KASPER.

Oui, nous avions été pillés, et tout de suite il m'a dit : « Monte sur Rappel, et cours prévenir le cousin Jacob. »

JACOB.

Si ces gueux de Russes étaient venus d'abord ici, j'aurais fait la même chose.

NICLAUSSE, arrivant essoufflé.

Le pâtre sonne, je vais ouvrir l'étable derrière ; beaucoup d'autres font déjà grimper leurs bêtes sur la côte... Regardez là-bas, dans les sapins.

(Il montre la côte, à droite.)

KATEL.

Dépêche-toi, Niclausse ; moi je vais vider les armoires.

JACOB.

Écoutez !

(Tous prêtent l'oreille ; on entend au loin, sur la gauche, le bourdonnement d'un tambour.

KASPER.

C'est un tambour.

KATEL.

Mais les Russes ne doivent pas venir par là !

KASPER.

Non, c'est la route d'Altorf ; les Russes sont de l'autre côté.

KATEL.

Ah! mon Dieu! si c'étaient les républicains, qui viennent au secours de leurs camarades.

(Le bruit du tambour se rapproche; il bat le pas accéléré. Tous se regardent d'un air de stupéfaction.)

JACOB, d'un accent désolé.

Maintenant tout est perdu! Voilà Lecourbe avec ses républicains, qui vient du côté d'Altorf, pendant que les Russes descendent de Hospenthâl; ils vont se rencontrer ici sur le pont, devant mon auberge... Quelle misère!... Tenez... voyez... les hussards!... Ah!... le Seigneur nous abandonne!

(Il lève les mains. Une quinzaine de hussards arrivent ventre à terre, par la gauche, et traversent le pont au galop.)

NICLAUSSE.

Il ne reste pas de chemin pour faire sauver le bétail.

JACOB.

Il ne reste plus qu'à se cacher. (D'un ton d'indignation.) Nous sommes les derniers des derniers; la Suisse ne compte plus... Toutes ces guerres ne nous regardent pas, et c'est chez nous qu'on vient se battre... c'est nous qui payons toujours !

SCÈNE V

JACOB, KASPER, NICLAUSSE, UN BATAILLON RÉPUBLICAIN

(On voit arriver un bataillon au fond, à gauche, et, plus loin, deux pièces de huit, au galop. Tous les paysans, sur leurs portes, regardent avec stupeur.

LE COMMANDANT, au bataillon, devant l'auberge.

Halte ! Front ! Portez armes ! Reposez armes ! En place, repos !

(Les artilleurs à cheval tournent en face du pont ; ils détellent et mettent leurs pièces en batterie.)

KASPER, bas à Jacob.

Ils veulent défendre le pont.

JACOB.

Oui, et les Russes tireront sur le village; tout sera brûlé. (s'adressant au commandant.) Commandant !

LE COMMANDANT, se tournant.

Que voulez-vous ?

JACOB.

Vous allez défendre le pont?

LE COMMANDANT.

Mêlez-vous de vos affaires. (Elevant la voix.) Sergent Duchêne faites évacuer la place... et vivement... Le général Lecourbe arrive.

(Le sergent avec quatre hommes s'approche. Aussitôt Jacob, sa femme, Kasper et Niclausse entrent dans l'auberge. Les hommes retournent à leurs rangs. Silence. Arrivent au galop Lecourbe, Daumas et quelques officiers.)

SCÈNE VI

LECOURBE, DAUMAS, OFFICIERS D'ÉTAT-MAJOR, SOLDATS

LECOURBE, d'une voix vibrante.

Plus loin, commandant, plus loin... Prolongez le village... Faites occuper les fenêtres le long de la rivière.

LE COMMANDANT.

Portez armes! — Arme bras!... — Par file à droite, en avant, pas accéléré, marche!

(Le bataillon disparaît à droite. Pendant le défilé, les fenêtres de l'auberge s'ouvrent. Jacob, sa femme, Kasper, Niclausse regardent. Un autre bataillon arrive aussitôt par la gauche et fait halte sur la place.)

LE COMMANDANT.

Halte !... Front !... Portez armes !... Reposez armes ! En place, repos.

(Lecourbe, pendant ce mouvement, s'est porté en avant du pont avec ses officiers ; il observe la position. Deux nouvelles pièces arrivent avec des caissons.)

SCÈNE VII

LECOURBE, SON ÉTAT-MAJOR, SOLDATS. — JACOB, SA FEMME, NICLAUSSE, KASPER, aux fenêtres.

LECOURBE, d'une voix brève, aux artilleurs qui viennent.

Là... là... dans le coude de la rivière... Dépêchez-vous d'élever un épaulement. (Les artilleurs obéissent. Lecourbe, s'adressant aux premiers arrivés :) Pointez en face, dans la grande rue. Vous attendrez que les colonnes ennemies aient dépassé les premières maisons pour ouvrir le feu ! (Se retournant et parlant à l'un de ses officiers.) Capitaine Barroi, faites attacher les pétards ; vous veillerez à cela. (S'adressant à un autre.) Faites avancer la 1re compagnie de la 38e, pour soutenir les pièces. Que les autres se tiennent prêtes à charger à la baïonnette. (L'officier part. Lecourbe, traversant la place et montrant les fenêtres de l'auberge :) Commandant Humbert, faites donc occuper cette maison !

(Il se rapproche de l'avant-scène avec Daumas; les officiers d'état-major restent en arrière.)

LECOURBE, à Daumas.

Nous sommes arrivés à temps, Daumas; Souworow ne montre pas son activité habituelle.

DAUMAS.

La difficulté des chemins, général, le retard de ses convois...

LECOURBE.

C'est peut-être autre chose... Les éclaireurs sont partis ?

DAUMAS.

Depuis vingt minutes.

LECOURBE.

Bien ! (Se retournant; à l'un de ses officiers). Touchard, faites arrêter le bourgmestre, l'agent des postes, le garde champêtre; qu'on me les amène... Il faut voir clair.

(Lecourbe et Daumas sont arrivés devant l'auberge, dont les fenêtres se garnissent de soldats. Kasper, Niclausse et les autres en sortent; ils paraissent désespérés.)

SCÈNE VIII

LECOURBE, DAUMAS, JACOB, KASPER, NICLAUSSE, OFFICIERS, SOLDATS, ETC.

JACOB, sur la porte de son allée.

On n'a pas besoin de m'arrêter... me voilà... c'est moi... le bourgmestre.

LECOURBE.

Ah! vous êtes le bourgmestre?

JACOB.

Oui, et j'ai des plaintes à faire.

LECOURBE, étonné.

Des plaintes?

JACOB, d'un accent pathétique.

Oui, des plaintes!... Quand on parle toujours aux gens de liberté, d'égalité, de fraternité, comme vous, on ne vient pas les ruiner de fond en comble.

LECOURBE.

Brave homme, rappelez-vous ceci : La guerre

ne fait jamais de bien à personne; et quant aux Français, ils vous feront toujours le moins de mal possible. — Mais il ne s'agit pas de cela... Vous êtes bourgmestre, vous devez connaitre le pays?

JACOB.

Je le connais.

LECOURBE.

Existe-t-il un gué d'ici Hospenthâl?

JACOB.

Non, la Reuss est profonde partout.

LECOURBE.

Vous en êtes sûr?

JACOB.

J'en suis sûr.

LECOURBE, s'adressant à Kasper et à Niclausse.

Et vous autres?

NICLAUSSE

Il n'y a pas de gué au-dessus du village.

JACOB.

Si vous voulez en savoir plus, voici un

garçon de Hospenthâl, qui vous dira la même chose.

(Il montre Kasper.)

LECOURBE, à Kasper.

Ah! vous êtes de Hospenthâl?

KASPER.

Oui, je suis venu ce matin prévenir maître Jacob que les Russes arrivent.

LECOURBE.

Vous êtes parti de là-bas à quelle heure?

KASPER.

Vers trois heures du matin.

LECOURBE.

Et les Russes étaient arrivés chez vous?

KASPER.

A deux heures.

LECOURBE.

Alors, ils sont restés à Hospenthâl jusqu'à trois heures?

KASPER.

Oui.

LECOURBE.

Ils n'ont pas fait de détachements sur Dissentis?

KASPER.

Je ne sais pas... Ils étaient affamés... ils pillaient le village.

LECOURBE.

Ils n'avaient donc pas de convois : des mulets, des charrettes?

KASPER.

Ils n'avaient que leurs sacs, leurs gibernes et leurs fusils.

LECOURBE.

Et vous n'avez pas entendu dire qu'ils avaient envoyé du monde, sur leur droite, du côté de Dissentis?

KASPER.

Non.

LECOURBE.

Cela suffit... Vous pouvez partir.

JACOB, d'un ton désolé.

Laissez-nous au moins emmener nos troupeaux.

LECOURBE.

Qu'est-ce qui vous en empêche, mon brave homme ? Emmenez tout... Chargez sur vos charrettes tout ce que vous pourrez !... Si les Russes arrivent, moins ils trouveront de bétail et de vivres chez vous, plus je serai content.

JACOB.

A cette heure, je vois que vous êtes un brave homme ! (Se retournant.) Vite, Niclausse, ouvre les étables sur le grand pré, mène les bêtes sur le Gurschen; moi, je vais charger la voiture, Kasper m'aidera.

(Ils rentrent dans la maison.)

SCÈNE IX

LES PRÉCÉDENTS, moins JACOB, KASPER et NICLAUSSE

LECOURBE, à Daumas.

L'attaque devrait être commencée; nous aurions dû trouver les Cosaques dans le village en arrivant, et le pont au pouvoir de l'ennemi. Cette lenteur n'est pas dans le caractère de Souworow. Voudrait-il nous attirer dans la plaine d'Urséren, pour nous écraser avec ses masses, ou bien est-ce autre chose?... Enfin, n'importe! (s'adressant à un officier d'état-major.) Que les chefs de corps se réunissent, je veux leur parler. (L'officier sort. A Daumas.) Nos premières mesures sont bonnes, et s'il n'arrive pas d'autres avis, nous en resterons là!...

(Les commandants entrent, l'épée à la main, et se réunissent autour de Lecourbe et de Daumas.)

SCÈNE X

LES COMMANDANTS, en cercle, LECOURBE et DAUMAS, à l'intérieur.

LECOURBE.

Messieurs, il faut nous attendre à une attaque furieuse; nous sommes trois bataillons, et nous allons avoir vingt-cinq mille vieux soldats sur les bras, commandés par Souworow en personne. Vous connaissez la jactance du vainqueur de Cassano, de la Trébia et de Novi;

vous savez qu'il se vante de nous passer sur le corps, d'écraser Masséna comme Joubert, Macdonald et Moreau, et de marcher sur Paris. Souvenez-vous que nous sommes le 3 vendémiaire; qu'aujourd'hui l'action décisive de la campagne s'engage entre Masséna et Korsakow sur toute la ligne, de la Linth à la Limmat. Souvenez-vous de la dépêche du général en chef, qui nous ordonne de défendre le terrain pied à pied, de mourir s'il le faut jusqu'au dernier pour retarder la marche de Souworow, et l'empêcher d'arriver sur le champ de bataille. C'est la République qui nous parle; vous justifierez tous sa confiance, j'en suis sûr!

(En ce moment, on entend s'engager au loin le feu des tirailleurs; plusieurs hussards à la file repassent le pont au galop.

DAUMAS.

Voici nos éclaireurs qui se replient, général.

LECOURBE, aux commandants.

Allez, messieurs, que chacun retourne à son poste; et surtout du calme, de la vigueur, de la décision.

(Les commandants s'éloignent; les éclaireurs continuent d'arriver.)

SCÈNE XI

LECOURBE, DAUMAS, OFFICIERS D'ÉTAT-MAJOR, SOLDATS, HUSSARDS, UN CAPITAINE DE HUSSARDS

(On aperçoit dans la rue en face deux hussards poursuivis par quelques cosaques; les hussards serrés de près, se retournent à la tête du pont, engagent un combat à l'arme blanche, puis se retirent. Un capitaine de hussards arrive plus loin; il est entouré de cosaques et s'en dégage rapidement. Deux cosaques s'acharnent à sa poursuite; il se retourne, abat d'un coup de pistolet le plus proche, puis traverse le pont et arrive près de Lecourbe, le sabre pendu au poing. Tout cela se passe en quelques secondes, pendant que le feu s'engage à toutes les fenêtres.)

LE CAPITAINE DE HUSSARDS, arrivant au galop.

Général, la reconnaissance est terminée, nous avons poussé jusqu'à portée de canon de Hospenthâl. Les Russes descendent la vallée en colonne de marche. Leur avant-garde, en colonne d'attaque, est de trois bataillons de grenadiers, d'un pulk de cosaques et de deux pièces de huit.

LECOURBE, à Daumas.

Trois bataillons à l'avant-garde, cela suppose un corps d'armée de quinze mille hommes;

Souworow., d'après le rapport d'Ogiski, en amène vingt-cinq mille d'Italie ; que sont devenus les dix mille autres ?

DAUMAS.

Il a dû faire un détachement à la poursuite de Gudin, sur le Furça.

LECOURBE.

Oui... mais ce détachement ne peut être de dix mille hommes... Deux ou trois bataillons suffisent contre la petite colonne de Gudin. Enfin... nous verrons !... (Au capitaine.) C'est bien, capitaine, allez rallier vos hommes et soyez prêt à charger.

(Le capitaine s'éloigne. La fusillade redouble ; on voit quelques paysans sortir effarés de chez eux, ouvrir leurs caves et disparaître. Au milieu de la fumée et des détonations, qui se prolongent dans tout le village, la tête de colonne russe paraît au bout de la rue.)

SCÈNE XII

LES PRÉCÉDENTS, TÊTE DE COLONNE RUSSE,
qui s'avance de l'autre côté du pont.

L'OFFICIER L'ARTILLERIE.

Canonniers, à vos pièces !

(Alors la tête de colonne russe s'avance au pas de course. On entend battre ses tambours au milieu de la fusillade. Quelques cosaques tourbillonnent en avant, et s'approchent du pont d'un air de bravade, agitant leurs lances et criant : Hourrah ! hourrah ! Tout est calme du côté des Français, sauf le feu des fenêtres. Les compagnies de soutien restent l'arme au bras ; les canonniers secouent leurs mèches en attendant le commandement.)

LECOURBE, à l'officier d'artillerie.

Voici le moment.

L'OFFICIER.

Feu !

(Les deux pièces du pont tirent, puis les deux autres plus loin, dans le coude de la rivière. La scène se remplit de fumée. Grande rumeur du côté des Russes. La fusillade des fenêtres augmente.)

L'OFFICIER.

Chargez !...

LECOURBE, observant les Russes.

La colonne s'arrête. (Vivement aux canonniers :) Feu !... Feu !...

(Les deux pièces tirent, puis les deux autres. Lecourbe s'élance devant le front du bataillon.)

LECOURBE.

En avant les grenadiers de la 38e ! A la baïonnette !

(Une compagnie de grenadiers s'élance sur le pont ; la fusillade pétille à droite et à gauche. On entend des cris, des commandements. Quand la fumée se dissipe, on voit la colonne russe qui se retire en désordre. Les grenadiers républicains occupent la tête du pont.)

LECOURBE.

L'attaque est repoussée ! Cessez le feu ! Que les grenadiers de la 38e reprennent leur position.

(Les grenadiers repassent le pont, et viennent reprendre la position qu'ils occupaient. On entend la batterie de « Cessez le feu. » La colonne russe a disparu. Le feu cesse.)

LECOURBE.

C'est bien... Je suis content de vous. A la bonne heure. (Il rit.)

DAUMAS.

L'affaire commence bien, général.

LECOURBE.

Oui, ça prend une bonne tournure.

DAUMAS.

Avec deux ou trois bataillons de plus...

LECOURBE.

Bah ! nous tiendrons tout de même... Deux

10.

mille hommes déterminés à la tête d'un pont en valent dix mille.

(En ce moment, le feu de l'artillerie russe éclate sur toute la ligne. Les premiers boulets arrivent dans le village, des toits s'affaissent; l'enseigne du Cheval-Blanc tombe. L'artillerie française répond.)

DAUMAS.

Voici les giboulées qui commencent

LECOURBE, riant.

Oui, Souworow se fâche. Il ne comptait pas sur nous à Andermatt. (Un boulet renverse la cheminée de l'auberge du Cheval-Blanc; tout s'écroule avec fracas.) Il s'impatiente, le vieux feld-maréchal; il veut arriver au rendez-vous; mais j'espère bien lui faire perdre ici quelques heures.

(Un boulet passe dans les rangs des grenadiers, trois hommes tombent.)

LE COMMANDANT, d'une voix calme.

Serrez les rangs!...

(Un officier d'état-major entre au galop.)

SCÈNE XIII

LES PRÉCÉDENTS, L'OFFICIER D'ÉTAT-MAJOR

L'OFFICIER D'ÉTAT-MAJOR, à Lecourbe.

Général, le capitaine Meunier, qui commande l'arrière-garde, vous fait dire qu'il entend le canon sur nos derrières.

LECOURBE, vivement.

Dans quelle direction? A quelle distance?...

L'OFFICIER.

Du côté de Wâsen, à deux ou trois lieues.

LECOURBE, criant.

Lieutenant Ganier, prenez un piquet de hussards, et courez sur la route de Wâsen. On se bat de ce côté... Je veux savoir le plus tôt possible ce qui se passe... Vite... vite... (L'officier sort au galop. Lecourbe à l'officier d'état-major:) Dites au capitaine Meunier de se tenir prêt à marcher.

L'OFFICIER.

Oui, général.

(Il sort.)

LECOURBE, à Daumas.

Eh bien, Daumas, voilà du nouveau !

DAUMAS.

Sans doute une démonstration, général. L'affaire sérieuse est ici.

(Un boulet passe dans les rangs et jette six hommes à terre.)

LE COMMANDANT, d'une voix calme.

Serrez...

(Il étend les bras, pousse un cri et laisse tomber son sabre. Un officier se jette à la tête du cheval. Des soldats se précipitent, et reçoivent le commandant dans leurs bras. Le feu des pièces continue pendant toute cette scène.)

UN SOLDAT.

C'est un coup de mitraille.

(Lecourbe et Daumas s'approchent vivement.)

L'OFFICIER, appelant.

Commandant !... Commandant !

UN SOLDAT.

Il est mort !...

LECOURBE.

Qu'on le porte à l'ambulance ! Capitaine Victor, prenez le commandement du bataillon.

(Des soldats emportent le commandant. Le capitaine sort des rangs.)

LE CAPITAINE, sur le devant du bataillon.

Serrez les rangs !...

LECOURBE, regardant les soldats emporter le commandant.

Encore un vieux de l'armée du Rhin...

DAUMAS.

Pauvre Humbert !

LECOURBE.

Nous y passerons tous !

(Grande rumeur à droite ; la fusillade recommence.)

DAUMAS.

La seconde attaque...

LECOURBE,
se rapprochant de la rive, pour voir les colonnes ennemies.

Oui, le corps d'armée va donner. (Courant vers es grenadiers, et criant à Daumas:) Général, surveillez le ervice des pièces... Je conduis la charge !...

(Le feu des fenêtres recommence, et se confond dans un roulement terrible avec celui des Russes. Le canon tonne des deux côtés. La scène se remplit de fumée. Au milieu de ce bruit, on entend tout à coup battre la charge, et l'on voit la mêlée sur le pont. Cette mêlée dure quelques instants, puis la fusillade se tait, la fumée se dissipe, et l'on voit Lecourbe, à cheval au milieu de sa colonne, sur l'autre rive. Les Russes sont en retraite, leur canon seul gronde encore. Quelques grenadiers veulent poursuivre l'ennemi. Lecourbe les arrête.)

LECOURBE.

Halte !... Serrez les rangs !... Par file à droite !...

(Ils repassent le pont et reprennent leur position, à côté des pièces Tout cela s'exécute avec ordre. Le pont est couvert de morts et de blessés. Dans les rangs, quelques soldats, l'arme au pied, se bandent l'un la tête, l'autre le bras ; leurs camarades les aident. Quelques-uns se retirent, en s'appuyant sur leur fusil. — Le feu des Russes, pendant cette scène, continue ; les maisons à moitié démolies tombent en décombres ; les tirailleurs qui les occupent en sortent à la file.)

LECOURBE, à ses officiers.

Ralliez les tirailleurs de la 76e. Formez-en deux colonnes, et qu'ils soient prêts à repousser la troisième attaque. Que la 38e passe en seconde ligne. (Passant au galop devant le front de bataille.) Tout va bien !... Notre position est bonne... Souworow ne passera pas !... Vive la République !...,

CRIS DANS LES RANGS.

Vive la République !... vive Lecourbe !...

(Un sous-officier de hussards entre au galop.)

SCÈNE XIV

LES PRÉCÉDENTS, LE SOUS-OFFICIER, puis OGISKI,
au milieu d'un piquet de hussards.

LE SOUS-OFFICIER DE HUSSARDS.

Le général ! Où est le général ?...

LECOURBE, se retournant.

Qu'est-ce ?

LE SOUS-OFFICIER.

Un cosaque... un déserteur... mon général ; il demande à vous parler.

LECOURBE, arrivant.

Un déserteur ? Où est-il ?...

LE SOUS-OFFICIER, se retournant et faisant signe.

Par ici !... Arrivez !...

(Ogiski paraît au milieu d'un piquet de hussards ; ses habits de pope sont en lambeaux, son cheval est couvert de boue.)

OGISKI, ôtant son bonnet de peau de mouton.

C'est moi, général.

LECOURBE.

Ogiski !.... (Aux hussards :) Laissez - nous !... (Les

hussards s'écartent. Lecourbe et Ogiski descendent de cheval.—Lecourbe, bas et vivement.) Eh bien, quelles nouvelles?

OGISKI.

Vous êtes tourné, général!

LECOURBE.

Tourné!... Par qui?...

OGISKI

Par Auffemberg... Il est parti d'Ilanz, pendant que Souworow abordait le Saint-Gothard. Hier, à minuit, il campait dans le Maderaner Thâl, sur vos derrières... Il doit attaquer en ce moment le pont d'Amsteig; sa force est de deux mille hommes.

LECOURBE.

Amsteig!... je n'ai laissé là que quatre compagnies. Comment savez-vous cela, Ogiski?

OGISKI.

J'arrive du quartier général de Soworow, à Ospizio.

LECOURBE.

Vous avez pénétré jusqu'au quartier général?

OGISKI.

Oui, déguisé en pope. A deux heures, le cosaque chargé de la dépêche arriva; — j'étais au bivac voisin, — lui-même annonça le mouvement d'Auffemberg. Et comme le feld-maréchal l'avait rappelé, sans doute pour quelque renseignement, un coup de folie me fit enfourcher son cheval... Il fallait vous prévenir à tout prix... il fallait...

LECOURBE.

Mais on a dû vous poursuivre?

OGISKI.

Pendant deux heures... (Ouvrant son manteau, criblé de trous de balles.) Voyez, général !

LECOURBE, stupéfait.

Et vous n'êtes pas blessé ?

OGISKI.

Non... (Avec exaltation.) Dieu venge la Pologne... Dieu veut que Souworow périsse dans ces montagnes !

LECOURBE.

S'il n'y laisse pas ses os, ce ne sera pas ma

faute ! (Remontant la scène, et s'adressant au sous-officier de hussards.) Maréchal des logis, courez au pont d'Amsteig... Dites au commandant Richemont de tenir ferme... Que j'arrive à son secours. (Le sous-officier sort au galop. Lecourbe criant :) Daumas ! où est Daumas ?...

(Le général Daumas paraît à droite. Ogiski va s'asseoir sur le perron de l'auberge.

SCÈNE XV

LES PRÉCÉDENTS, moins LE SOUS-OFFICIER DE HUSSARDS, DAUMAS

DAUMAS, accourant.

Me voici, général !

LECOURBE, vivement.

Tous mes doutes sont confirmés. Le général Auffemberg est sur nos derrières, avec un corps de deux mille hommes. Il attaque Amsteig en ce moment... Nous n'avons que quatre compagnies au pont d'Amsteig.... j'espère qu'elles tiendront jusqu'à mon arrivée... (Regardant sa montre.) Il est huit heures... A dix heures au plus tard, je serai là !... Je vous laisse la 38e, deux pièces, et les munitions nécessaires... Vous ferez sauter le pont... Vous empêcherez l'ennemi d'en jeter un autre... Votre ligne de retraite est la mienne, par la route de Wâsen... Vous me retrouverez à Amsteig... Défendez aussi et faites sauter le pont du Diable... Il s'agit de retarder le plus possible la marche des Russes... de laisser à Masséna le temps de battre et de détruire Korsakow... Ce résultat obtenu, nous prendrons l'offensive à notre tour, et nous tâcherons d'enfermer Souworow dans les montagnes. (Remontant la scène, pour observer la position de l'ennemi.) La troisième colonne d'attaque se forme. (Descendant; à un officier d'état-major.) Le deuxième bataillon de la 76ᵉ, est en colonne ?

L'OFFICIER.

Oui, général.

LECOURBE.

Je l'emmène à Amsteig... Dites au commandant Rogeard de se mettre en marche tout de suite, avec les deux pièces en amont... Le capitaine Meunier fera tête de colonne...

(L'officier sort au galop. La fusillade recommence et se prolonge bientôt sur toute la ligne. On voit revenir les pièces, qui se mettent en route par la gauche, en longeant les maisons ; le 2ᵉ bataillon de la 76ᵉ les suit le fusil sur l'épaule. Lecourbe, au milieu de la fumée qui remplit de nouveau la scène, monte à cheval et donne la main à Daumas.

LECOURBE, apercevant Ogiski debout sur le perron de l'auberge.

Ogiski, vous voulez donc vous faire tuer ?

OGISKI.

Non, général, je veux voir !...

(Lecourbe part au galop. Daumas se porte vers les pièces du fond. On le voit donner rapidement des ordres aux chefs de pièce. Les canons reculent. Un artilleur se glisse sous le pont. Les détonations se succèdent, les maisons s'écroulent, le feu éclate dans l'auberge du Cheval-Blanc. Enfin, quand la scène s'est vidée, et que le bataillon de la 3$8^e$ seul reste en face du pont, à gauche, on voit paraître les Russes, on entend leurs tambours battre la charge, et leurs cris innombrables : — Hourrah ! hourrah !)

DAUMAS, d'une voix calme.

Attention !... Laissez venir !...

(La tête de colonne russe s'engage sur le pont.)

LES RUSSES,

se bousculant pour arriver plus vite ; leurs officiers, l'épée en l'air :

Hourrah !... hourrah !... hourrah !...

DAUMAS.

Feu !...

(Les deux pièces tirent à mitraille. Le pont saute.)

SIXIÈME TABLEAU

L'ESTAFETTE

Les Russes campent dans la vallée d'Altorf, sur les rives du lac des Quatre-Cantons. A droite, des montagnes ; à gauche, les rochers où coule la Reuss à son embouchure. Le soleil se couche sur le lac ; à mesure qu'il descend, l'onde devient plus lumineuse ; les nuages au-dessus s'éclairent et forment de longues traînées de pourpre. Quand il a disparu, tout devient sombre ; les feux de bivacs s'allument et rayonnent sur les flots. C'est une scène calme et solennelle. Souworow, ses officiers d'état-major et quelques cosaques campent sur le chemin d'Altorf à Fluélen, sous une masse de rochers en demi-voûte ; les chevaux sont attachés aux arbres. Ce groupe tient toute la droite de la scène. A gauche, au second plan, un poste du régiment de Rymnik, accroupi autour d'un bon feu, prépare sa soupe en silence ; la marmite bout, quelques soldats fument leur pipe, d'autres récurent leur gamelle. Hattouine et Ivanowna sont dans le nombre. Hattouine écume le bouillon ; sa charrette est dételée, la tonne déposée à l'arrière sur deux bottes de paille, pour tourner le robinet. Le cheval mange sa pitance. Plus loin, l'armée russe, les fusils en faisceaux, se découvre en perspective. De temps en temps de nouveaux détachements arrivent par la droite ; des fourgons, des canons, des traînards défilent à l'angle des rochers, puis se perdent à gauche. Souworow et le colonel d'état-major Mandrikine sont isolés à l'avant-scène. Mandrikine est assis devant une petite table pliante. Souworow est debout; son sabre et son manteau pendent à une broussaille. Des cartes sont déroulées sur un quartier de roc. On entend quelquefois dans le lointain le cri de *Qui vive!* Du reste, tout se tait. Les officiers d'état-major, à quelque distance sur la droite, se chauffent autour d'un bon feu de bivac, au tournant du chemin d'Altorf.

SCÈNE PREMIERE

SOUWOROW, MANDRIKINE, OFFICIERS, GROUPES DE SOLDATS, ETC., ETC.

SOUWOROW.

Relisez.

MANDRIKINE, lisant.

« A messieurs les généraux Korsakow, ba-
« ron de Hotz et baron de Linken. — Quartier
« général de Séedorf, en avant d'Altorf, le 27
« septembre 1799. — Je vous annonçais de
« Bellinzona, le 22 de ce mois, que les troupes
« impériales russes, restées en Italie, seraient
« maitresses du Saint-Gothard, le 25; qu'elles
« repousseraient les républicains de la vallée
« d'Urséren, le 26, et qu'elles s'empareraient
« d'Altorf le 27. Malgré la résistance acharnée

« du général Lecourbe, qui m'a disputé tous
« les ponts de la Reuss, et qui ne m'a pas
« laissé un pouce de terrain sans le défendre,
« j'ai tenu parole. Les troupes impériales rus-
« ses de l'armée d'Italie ont surmonté tous
« les obstacles; quinze mille de mes meil-
« leurs soldats occupent la vallée, entre Altorf
« et Fluélen, aujourd'hui 27, et sont en me-
« sure de tourner le lac des Quatre-Can-
« tons par la gauche. Lecourbe tient encore
« au pont de Séedorf, avec trois bataillons;
« mais cette résistance ne peut nous retarder
« plus d'une ou deux heures. Au reçu de la
« présente dépêche, vous attaquerez donc im-
« médiatement sur toute la ligne; demain,
« je serai sur les derrières de Masséna,
« et nous terminerons la campagne d'Hel-
« vétie comme les autres, par un coup de ton-
« nerre. »

SOUWOROW.

C'est bien. (Il s'assied et signe.) Expédiez cela tout de suite.

(En ce moment, arrive Ivanowitche à cheval. Il met pied à terre et prend des informations auprès du groupe d'officiers, à l'angle du chemin, à droite. On lui indique l'endroit où campe Souworow ; il attache son cheval et s'avance. Mandrikine, de son côté, cachète la dépêche.)

HATTOUINE, voyant passer Ivanowitche.

Ivanowitche qui va chez le feld-maréchal.

IVANOWNA.

Oui, mère Hattouine, il ne nous voit pas.

(Elles reprennent leur attitude.)

SCÈNE II

SOUWOROW, MANDRIKINE, IVANOWITCHE

SOUWOROW, se retournant.

Hé ! C'est toi, la reconnaissance est terminée ?

IVANOWITCH

Oui, feld-maréchal.

SOUWOROW.

Vous avez poussé ?...

IVANOWITCHE.

Jusqu'au fond du Schaechenthal, à six ou sept lieues de Glaris.

SOUWOROW.

Et vous avez trouvé les avant-postes de Linken?

IVANOWITCHE.

Non, feld-maréchal.

SOUWOROW.

Alors ceux de Jellachich?

IVANOWITCHE.

Nous n'avons trouvé personne.

SOUWOROW.

(Avec une indignation contenue.) Voyez, Mandrikine, la lourdeur de ces Allemands! (Avec explosion.) Il était pourtant bien convenu que Linken et Jellachich s'avanceraient dans le canton de Glaris, le 26, qu'ils se réuniraient par leur droite au général Hotz, et qu'ils me donneraient la main par la gauche. Allez donc compter sur des lourdauds pareils! Pendant que l'armée russe d'Italie fait soixante lieues pour les joindre, par-dessus le Saint-Gothard, ils ne peuvent pas en faire quinze ou vingt. Quelle abominable

11.

race ! (Dominant sa colère.) Enfin tu as pris des informations ?

IVANOWITCHE.

Oui, feld-maréchal, sur toute ma route; pas un Autrichien n'a paru dans la montagne. Mais j'ai rencontré en revenant, près du hameau de Trudelingen, un soldat de Korsakow.

SOUWOROW, brusquement.

Un déserteur ?

IVANOWITCHE.

Il dit être échappé des avant-postes républicains, qui l'avaient pris à Rapperschwyl.

SOUWOROW.

Tu l'as amené ?

IVANOWITCHE.

Il est près d'ici, feld-maréchal.

SOUWOROW.

C'est bien, qu'il vienne. Nous allons voir cela. Peut-être aurons-nous des indications.

(Ivanowitche sort par la droite.)

SCÈNE III

SOUWOROW, MANDRIKINE.

MANDRIKINE.

Si le retard de Linken se prolonge, il faudra peut-être contremander...

SOUWOROW, sèchement.

On ne contremandera rien... Nous sommes vainqueurs... nous avons tout bousculé... nous sommes sur les derrières de Masséna... les troupes ne demandent qu'à se battre... S'il le faut, on se passera des Autrichiens... Korsakow et moi, nous terminerons seuls la campagne... Allez... que la dépêche parte !

(Mandrikine va remettre la dépêche à un officier, qui monte aussitôt à cheval. Au même instant, Ivanowitche amène Ogiski, déguisé en soldat russe, rasé, sauf les moustaches, et les cheveux coupés. Mandrikine cause avec les officiers d'état-major.)

SCÈNE IV

SOUWOROW, IVANOWITCHE, OGISKI

SOUWOROW, à Ivanowitche.

C'est ton homme ?

IVANOWITCHE.

Oui, feld-maréchal.

SOUWOROW, brusquement à Ogiski.

De quel régiment es-tu ?

OGISKI.

Du régiment de Markow.

SOUWOROW.

Quand as-tu déserté ?

OGISKI.

Je n'ai pas déserté, feld-maréchal, nous avons été pris à plusieurs par des hussards français.

SOUWOROW.

Quand ?... où ?

OGISKI.

Voilà maintenant le quatrième jour. Les Autrichiens partaient; nous les remplacions le long des deux lacs et des deux rivières. Nous ne connaissions pas encore bien les positions; notre détachement s'est perdu la nuit dans un coude.

SOUWOROW.

Dans quel coude ?

OGISKI.

Près d'un village, entre deux lacs.

SOUWOROW, regardant la carte.

A Rapperschwyl... c'est possible... Après ?

OGISKI.

Après, les hussards sont arrivés... On s'est battu longtemps... Nous avons perdu la moitié de notre monde... Des troupes de ligne sont encore venues au secours des hussards. Il a fallu se rendre.

SOUWOROW.

Comment se fait-il alors qu'on te trouve dans

la vallée de Schaechenthal, à vingt lieues de là? Réponds clairement...

(Il lui lance un coup d'œil sévère.)

OGISKI.

Nous étions encore quinze hommes, avec le lieutenant Swerkow; et d'abord les républicains nous menèrent sur la montagne à droite.

SOUWOROW.

Au mont Albis?

OGISKI.

Je crois que oui; près d'une vieille maison en planches, où demeure leur feld maréchal.

SOUWOROW.

Comment s'appelle-t-il?

OGISKI.

Je ne sais pas.... C'est un grand sec, maigre, brun, les cheveux un peu crépus.

SOUWOROW, regardant Ivanowitche en souriant.

Masséna. (sa figure s'éclaire.) Ah! ah! Et qu'est-ce qu'il voulait de vous?

OGISKI.

Le lieutenant Swerkow est seul entré. Nous autres, on nous gardait dehors.

SOUWOROW, l'interrompant.

Mais si tu n'es pas entré, comment peux-tu savoir que le feld-maréchal des républicains est grand, sec, maigre?

OGISKI, avec le plus grand calme.

Le lieutenant Swerkow nous l'a dit... Il nous a dit aussi que le feld-maréchal des républicains voulait savoir où les Autrichiens allaient, combien nous restions, et si nous attendions du renfort; mais qu'il avait répondu que nous ne savions rien de ces choses.

SOUWOROW, riant.

C'est bon... Alors on vous a maltraités?

OGISKI.

Non, feld-maréchal; on nous a conduits plus loin, et nous avons eu des fèves à manger, le soir.

SOUWOROW.

Et pas de viande?

OGISKI.

Oh non! feld-maréchal, les républicains sont dans la plus grande misère; ils meurent de faim... ils n'ont pas un verre de schnaps... ils n'ont rien du tout.

SOUWOROW.

Ils doivent être tristes?

OGISKI.

Non, feld-maréchal... Ils chantent... ils jouent aux cartes.

SOUWOROW.

C'est bien cela... (Riant de bon cœur.) Et tu t'es échappé?

OGISKI.

Avant-hier, à la nuit; ils n'avaient que deux sentinelles pour nous tous, dans un petit village brûlé. Alors, avec trois camarades, j'ai sauté par une fenêtre dans les champs. Les sentinelles ont tiré sur nous; je n'ai pas tourné la tête, j'ai couru tant que je pouvais, en pensant rejoindre le régiment; malheureusement dans la nuit, au lieu de prendre à gauche, j'avais pris à droite, et le matin j'étais dans la montagne, sans pouvoir me reconnaître. Je n'ai fait depuis que marcher.

SOUWOROW.

C'est bon. Cela suffit. (Silence.) Alors, au moment où vous avez été pris, l'archiduc était en route, l'armée austro-russe occupait ses positions à Zurich, le long de la Linth et de la Limmat?

OGISKI.

Oui, feld-maréchal, avec les Suisses rouges.

SOUWOROW.

Et tu n'as rencontré dans la montagne aucun détachement autrichien?

OGISKI.

Non; si j'en avais rencontré, je leur aurais demandé mon chemin. J'étais perdu, quand l'ordonnance m'a arrêté près d'un petit village.

SOUWOROW.

Je suis content de toi... Va manger la soupe

avec les soldats de Rymnik... Tu suivras la colonne... Demain ou après, nous rencontrerons ton régiment. (Ogiski tourne sur ses talons, en faisant le salut militaire, puis s'éloigne gravement. Souworow le regarde d'un air satisfait.) Ce soldat m'en a plus appris que mes ordonnances. Il en sait plus qu'un officier de l'archiduc... On le prend par la faute des autres... et il se sauve tout seul!...

(Au moment où Ogiski s'éloigne, une députation d'Altorf paraît dans le chemin, à droite, le landamann en tête Mandrikine, resté près du bivac des officiers, se porte à sa rencontre et parle avec le landamann.)

OGISKI, à part, s'éloignant.

Me voilà dans la place! (Apercevant Hattouine dans le groupe de gauche.) La *matouchka* du Saint-Gothard!

(Il s'arrête et détourne doucement la tête.)

IVANOWITCHE, à Souworow.

Est-ce que le feld-maréchal n'a pas d'autres ordres pour moi?

SOUWOROW.

Non... tu peux reconduire tes hommes à l'escadron.

(Souworow jette une carte sur la table et s'accoude dessus. Ivanowitche se dirige vers le groupe de Hattouine.)

IVANOWITCHE, à Ogiski.

Qu'est-ce que tu fais là, toi?

OGISKI.

Lieutenant, le feld-maréchal a dit : Va manger la soupe avec les soldats de Rymnik...

IVANOWITCHE.

Eh bien?

OGISKI.

Il n'a pas donné d'ordre; ils ne voudront pas me recevoir.

IVANOWITCHE.

Ah! bon... arrive!

(Il se dirige vers le groupe de Hattouine.)

OGISKI, à part.

Diable!...

IVANOWITCHE, se retournant.

Avance donc!...

(Ogiski, faisant bonne contenance, le suit. Les soldats, Hattouine et Ivanowna se retournent.)

HATTOUINE.

C'est Ivanowitche!

IVANOWITCHE, souriant à Ivanowna.

Oui, *matouchka*, c'est moi. (Aux soldats.) Vous

allez donner la soupe à ce camarade, c'est un brave soldat du régiment de Markow. Les républicains l'avaient pris, il s'est sauvé !... Qu'on lui fasse place au feu !

HATTOUINE.

C'est bon, Ivanowitche, il n'a qu'à s'asseoir.

IVANOWITCHE, bas, à Ivanowna.

Je reviens de suite... Tout a bien marché... Le feld-maréchal est content. Je vais reconduire mes hommes à l'escadron, et puis j'arrive. (Il lui serre la main.)

IVANOWNA, le regardant partir.

Dépêche-toi.

OGISKI, faisant l'aimable.

Excusez, camarades !

(Les soldats se serrent. Il s'assied dans le cercle.)

SCÈNE V

SOUWOROW, MANDRIKINE, puis LA DÉPUTATION D'ALTORF

MANDRIKINE, qui s'est approché du feld-maréchal.

Feld-maréchal, une députation de bourgeois d'Altorf sollicite l'honneur de vous être présentée. (Il montre la députation arrêtée au milieu du chemin.)

SOUWOROW, regardant par-dessus l'épaule.

Qu'est-ce que ces gens-là me veulent?

MANDRIKINE.

Sans doute quelque réclamation, au sujet des nouvelles réquisitions.

SOUWOROW.

Eh bien, qu'on les laisse venir.

(Il reprend son attitude. Mandrikine fait signe à la députation d'approcher ; les soldats et les officiers, autour de leurs feux, regardent un instant avec indifférence.)

MANDRIKINE, présentant la députation.

Une députation de la ville d'Altorf, feld-maréchal.

(Souworow incline la tête sans répondre et sans se lever.)

LE LANDAMANN, faisant trois pas en avant de la députation.

Illustre feld-maréchal, la malheureuse ville d'Altorf vient vous exposer, par la voix de son magistrat, qu'elle souffre depuis trois ans tous les fléaux de la guerre; que, depuis trois ans, tantôt les Autrichiens, tantôt les Français, la frappent de nouvelles réquisitions; qu'elle est épuisée de tout; que la misère est devenue si grande, qu'une foule de vieilles familles, ayant droit de bourgeoisie, sont forcées de s'expatrier. Et c'est quand l'invincible armée de Souworow arrive au milieu de nous, c'est quand toute la Suisse espère enfin sa délivrance, qu'on nous impose d'abord vingt-cinq mille rations, que nous avons eu mille peines à fournir... ensuite vingt-cinq mille autres, que tous nos efforts, toute notre bonne volonté ne réuniront jamais... Non, illustre feld-maréchal, vous ne pouvez exiger...

SOUWOROW, l'interrompant brusquement.

Écoute, landamann, je m'appelle Basilowitche Souworow. Quand je suis assis dans ma baraque, en Esthonie, j'aime assez les beaux sermons d'un pope avec le son des cloches; mais quand je campe en pays ennemi, les longs discours m'ennuient terriblement. Tu sauras qu'en Prusse, en Pologne, en Turquie, en Italie, depuis quarante-cinq ans, j'ai fait brûler plus de villes et de villages que vous n'avez de bicoques en ce pays, et que j'ai fait fusiller plus de récalcitrants, que tu n'as de cheveux sur la tête!... C'est pour te faire comprendre, landamann, ainsi qu'à tes camarades, que si je n'ai pas, dans trois heures, les rations de pain, de viande, de vin, de schnaps et de fourrage qui sont inscrites sur cette pancarte, je mettrai le feu dans tous les coins de la ville après avoir pris tout ce que je pourrai prendre, bien entendu. — Tu dois sentir, landamann, qu'on n'entretient pas une armée avec des sermons, et que les Russes, vainqueurs, ne peuvent pas supporter les privations, dans un endroit où les républicains en déroute se sont régalés. C'est contraire au bon sens ! — Ainsi, dans trois heures, j'aurai ce que je demande, ou bien mes soldats commenceront leur visite chez vous avec des torches. — Allez.. et réfléchissez aux paroles de Basilowitche Souworow, qui ne parle jamais en vain.

LE LANDAMANN.

Illustre feld-maréchal... au nom de l'humanité...

SOUWOROW, frappant sur la table avec colère.

Assez !... Toutes les réflexions sont inutiles.

(La députation se retire, et reprend le chemin à droite d'un air désespéré. Souworow se lève.)

SCENE VI

SOUWOROW, MANDRIKINE

SOUWOROW, à Mandrikine, montrant quelques ordres sur la table.

Distribuez les ordres tout de suite ; l'attaque de Séedorf aura lieu dans quatre heures, avec ou sans bateaux. Que tout soit prêt ! Je vais surveiller moi-même le service des réquisitions... Quand des hommes se battent bien, ils doivent bien manger et bien boire. Pour qu'un cheval marche, il lui faut de l'avoine.

(Mandrikine sort. — Souworow, repliant sa carte.) Oui, nous nous passerons de Linken et de Jellachich... Tant pis pour eux! Demain nous arriverons sur le champ de bataille.

(Il jette la carte sur la roche à droite, puis il s'équipe pour sortir. Un cosaque lui amène son cheval. Les officiers d'état-major se préparent à l'accompagner. Pendant cette scène muette, on entend la conversation du groupe de gauche.)

SCÈNE VII

HATTOUINE, OGISKI, IVANOWNA, SOLDATS

HATTOUINE, à Ogiski.

Les républicains t'avaient fait prisonnier?

OGISKI.

Oui, *matouchka*.

HATTOUINE.

A l'armée de Korsakow?

OGISKI.

Oui, les gueux m'avaient pris, mais je me suis sauvé.

HATTOUINE.

Est-ce qu'elle est encore loin, l'armée de Korsakow?

OGISKI.

Douze ou quinze lieues, *matouchka*.

HATTOUINE.

Est-ce qu'on se battait souvent, chez vous?

OGISKI.

Tous les jours... de petits combats... mais la grande bataille approchait... Vous devez plutôt savoir ce qui se passe là-bas que moi, puisque j'ai quitté depuis plusieurs jours.

HATTOUINE.

Nous ne savons rien du tout... il n'y a pas de nouvelles.

OGISKI, à part.

Pas de nouvelles! Masséna a dû attaquer avant-hier... Korsakow ne dit rien... bon signe!

(En ce moment, Souworow s'avance à cheval. Tous les soldats se lèvent et restent immobiles. Souworow s'arrête en apercevant Hattouine.)

SCÈNE VIII

LES PRÉCÉDENTS, SOUWOROW, COSAQUES, ÉTAT-MAJOR

SOUWOROW, de bonne humeur.

Hé! vieille *matouchka*, tu ne dis rien, ce soir?

HATTOUINE.

Non, Basilowitche, mon fils, j'écume la soupe.

SOUWOROW, riant.

Je te croyais bavarde?

HATTOUINE.

Quand j'ai bien mangé, Basilowitche, et que j'ai bu deux ou trois bons coups, je suis bavarde; mais quand je suis à jeun, je rêve.

SOUWOROW, riant.

Tu rêves à quoi, *matouchka?*

HATTOUINE.

Je rêve à toutes sortes de choses, mon fils : à la Russie, à nos anciennes campagnes.

SOUWOROW.

Ah!... oui... nous en avons vu du pays... nous en avons vu, depuis quarante-cinq ans... (silence.) Et la soupe est bonne?

HATTOUINE.

Oh! elle est très-bonne... Avec du bon bœuf et du bon pain, on fait de la bonne soupe, Basilowitche... Si tu veux en goûter?...

SOUWOROW, riant.

Je le veux bien?

HATTOUINE, lui présentant la grande cuiller.

Tiens... souffle dessus... elle est chaude.

(Souworow goûte la soupe.)

TOUS LES SOLDATS.

Vive Souworow!

SOUWOROW, rendant la cuiller à Hattouine.

Oui, *matouchka*, elle est fameuse, cette soupe-là!

HATTOUINE.

Nous aurions été bien contents d'en avoir une gamelle au Saint-Gothard.

SOUWOROW.

Ah! oui, mes enfants ont bien souffert depuis le Saint-Gothard.

HATTOUINE.

Un vilain chemin, Basilowitche; toujours monter et descendre... Et puis, pas de rations... Ces gueux de républicains avaient tout pillé; ils voulaient nous faire crever dans la montagne. Ah! les gueux!...

SOUWOROW, aux soldats.

Oui, elle a raison, la *matouchka*; les républicains voulaient nous faire mourir de faim; mais nous allons les arranger... (Montrant la gauche.) Ils sont là-bas! Dans quelques heures, soldats de Rymnik, vous serez à l'avant-garde; Souworow veut vous faire de l'honneur jusqu'à la fin, à cause de votre belle conduite au Saint-Gothard.

TOUS LES SOLDATS.

Vive Souworow l'invincible!

SOUWOROW.

Vous enlèverez le pont, et puis la grande

12.

bataille viendra... la dernière... Nous irons à Paris; nous aurons du schnaps, du vin, du lard et de la bonne soupe tous les jours.

TOUS LES SOLDATS.

Vive le père Souworow !

SOUWOROW.

Allons ! mangez bien, buvez bien. La tonne est pleine maintenant, *matouchka?*

HATTOUINE.

Oui, mon fils, elle est pleine... Du bon schnaps blanc... du vrai schnaps !

SOUWOROW.

Tu vas verser deux verres à chaque soldat de Rymnik, et puis encore un grand verre avant l'attaque du pont... Tu m'entends ?

HATTOUINE.

Oui, je sais bien, Basilowitche, je sais bien; ce n'est pas la première fois que je fais la guerre... A l'attaque, il faut toujours du schnaps !

SOUWOROW, riant.

Bon ! et je vais faire avancer d'autres tonnes

pour toi, *matouchka*; il faut que mes enfants aient toujours du schnaps!...

TOUS LES SOLDATS, attendris.

Vive le bon père Souworow!

(Ils lèvent leurs bonnets.)

SOUWOROW, au moment de se retirer, montrant Ivanowna.

Et la belle fille... elle ne dit rien, *matouchka* ?

HATTOUINE.

Elle pense à Ivanowitche, vois-tu !

SOUWOROW, s'arrêtant.

Ivanowitche ?

HATTOUINE.

Oui, tu sais... un enfant de Rymnik... Celui qui a porté les dépêches à Korsakow, à travers les républicains.

SOUWOROW.

Ah! ah! Elle l'aime!... C'est un brave.

HATTOUINE.

Quand il sera capitaine, nous les marierons.

SOUWOROW.

Que j'entende parler de lui... et il sera bientôt capitaine.

IVANOWNA, timidement.

Oh! merci, feld-maréchal, merci!...

SOUWOROW.

Oui, tout ira bien!... Et maintenant, buvez, mangez, prenez des forces. Ces républicains se défendent comme des enragés, mais nous en viendrons à bout... C'est Basilowitche Souworow qui vous le dit... Courage!...

(Il s'éloigne et sort par la droite. Les cosaques et les officiers d'état-major le suivent. Les cris de « Vive Souworow » s'étendent dans toute la vallée. Alors la nuit est venue, et les feux de bivac brillent au loin.)

SCÈNE IX

LES PRÉCÉDENTS, moins SOUWOROW, LES OFFICIERS D'ÉTAT-MAJOR ET LES COSAQUES

HATTOUINE, puisant la soupe.

Allons, vous autres, avancez vos gamelles... Ah! elle sent bon, la soupe.

UN SOLDAT.

Oui, *matouchka*. Et nous pourrons dire : J'ai soupé avec Souworow!

TOUS, avec enthousiasme.

Oh ! le bon père. Oh ! comme il aime ses enfants de Rymnik !

HATTOUINE, continuant de remplir les gamelles.

Je crois bien qu'il vous aime ! Celui qui ne passerait pas dans le feu pour lui ne serait qu'un gueux. Quand on a de la soupe pareille, avec deux bons verres de schnaps, il faut enlever tous les ponts. (S'adressant à Ogiski, resté derrière.) Hé ! soldat de Markow, avance donc, c'est ton tour.

(Ogiski présente une gamelle. Hattouine, en la remplissant, le regarde avec une sorte d'étonnement.)

OGISKI.

Merci, *matouchka !*

HATTOUINE.

Où donc est-ce que je t'ai vu, toi ? Plus je te regarde, plus je te reconnais.

OGISKI, riant.

Oh ! je vous reconnais aussi, *matouchka.*

HATTOUINE.

Où donc est-ce que je t'ai vu ?

OGISKI.

Vous m'avez vu d'abord au camp de Toulczine, ensuite aux grandes manœuvres du sabre et de la baïonnette, à Varsovie. C'est là que le régiment de Markow et celui de Rymnik étaient ensemble, et que la bonne *matouchka* leur versait du schnaps.

HATTOUINE, riant aux éclats.

Ah! oui... oui... Maintenant je me rappelle... Il fallait du schnaps! il en fallait, pour soutenir les charges des dragons! Les coups de sabre, les vrais coups de sabre pleuvaient! C'était la manœuvre de mon fils Basilowitche... il criait : — Tapez... tapez ferme... Ça leur apprendra à parer ! — Ha! ha! ha! tu étais là... je ne m'étonne plus si je te reconnais.

OGISKI, mangeant.

Oui, *matouchka*; moi, je vous ai reconnue tout de suite.

HATTOUINE.

Ah! c'était un bon temps... Tiens régale-toi.

(Elle lui verse encore une cuillerée de soupe. Toute la troupe mange. Hattouine et Ivanowna se servent les dernières.)

IVANOWNA, bas, à Hattouine.

Oh! mère Hattouine, que vous avez bien fait de parler d'Ivanowitche au feld-maréchal !

HATTOUINE, de même, en clignant les yeux avec malice.

Oui, la vieille *matouchka* n'est pas bête... Souworow va penser à lui, maintenant... Et demain, s'il se conduit bien à la grande bataille...

IVANOWNA.

Qu'il sera content, mère Hattouine, d'apprendre...

HATTOUINE.

C'est bon... c'est bon... il ne faut pas oublier la soupe.

(Elles se remettent à manger.)

PLUSIEURS SOLDATS, se levant.

A cette heure, le schnaps, *matouchka*, le schnaps !

HATTOUINE.

Attendez donc que j'aie fini.

D'AUTRES, avec impatience.

Le schnaps ! le schnaps !

HATTOUINE, donnant son gobelet à Ivanowna.

Va ! les ivrognes ne peuvent pas attendre.

(Ivanowna se lève ; elle remplit le gobelet à la tonne, et le passe tour à tour aux soldats, qui le vident d'un trait, claquent de la langue, hument leurs moustaches et font place aux autres. Des éclats de rire retentissent de tous côtés, comme dans une troupe d'enfants.)

HATTOUINE, arrivant à son tour.

Allons, Ivanowna, la vieille *matouchka* a soif. Il ne faut pas tout laisser aux autres.

(Ivanowna lui présente le gobelet, elle le vide, puis se met à rire tout haut, en faisant mine de danser.)

UN SOLDAT, riant.

Hé ! la *matouchka* veut danser.

HATTOUINE.

Oui, ce bon schnaps m'entre jusque dans les jambes.

LE PRÉCÉDENT.

Hé ! Kolskow, va donc chercher ton tambour.

HATTOUINE.

Non... non... je ne danserai pas... Je suis trop vieille... Que les autres dansent !

LA GUERRE.

UN AUTRE SOLDAT.

Vous n'êtes pas si vieille que vous dites; je me marierais encore bien avec vous.

HATTOUINE.

Oui, pour boire mon schnaps.

PLUSIEURS SOLDATS.

Matouchka! matouchka! il faut danser.

HATTOUINE.

Qu'Ivanowna danse... moi je ne danse jamais sans fifre.

UN SOLDAT.

Le pauvre Bélinski est mort au grand pont, il ne peut plus souffler.

UN AUTRE, tirant un fifre de son sac.

Voici bien son fifre... mais lui n'est plus là.

OGISKI, s'avançant d'un air modeste.

Écoutez, camarades, au régiment de Markow, j'ai quelquefois joué du fifre... Je ne suis pas un bon fifre... mais je joue un peu tout de même.

(Il reçoit le fifre et en tire quelques sons rapides.)

LES SOLDATS.

Oh! il joue mieux que Bélinski!

(Tous se balancent, rient et font des contorsions grotesques. Le tambour exécute une batterie, Ogiski l'accompagne.)

UN SOLDAT.

Puisque la *matouchka* ne veut pas danser, qu'elle chante.

HATTOUINE.

Je suis trop vieille... Ivanowna chanterait mieux que moi.

IVANOWNA.

Vous savez bien, mère Hattouine, que je ne connais pas la musique.

(Les soldats se font des signes; le tambour et le fifre reprennent et s'animent peu à peu; ils semblent attirer la vieille cantinière, qui s'avance à la fin d'un pas timide.)

HATTOUINE.

Vous ne rirez pas de moi... C'est un vieil air... l'air du *Soldat de Koslugi*, du temps de la guerre des Turcs.

OGISKI, jouant et dansant.

Allons, *matouchka*... courage!...

HATTOUINE.

Il faut aussi que le fifre joue bien.

OGISKI.

Soyez tranquille... je connais l'air du *Soldat de Koslugi*.

(On forme le cercle; Hattouine se balance et chante au milieu. Le tambour et le fifre l'accompagnent doucement. A la fin du premier couplet, tous les soldats entonnent le refrain en chœur. Puis les applaudissements éclatent.)

LES SOLDATS.

Oh! c'est très-bien! oh! c'est très-bien! Quel bon fifre! Comme la *matouchka* chante bien!

(Le chant continue. A la fin d'un couplet, on entend tout à coup sonner au loin la retraite des Français. Toute la troupe se retourne et prête l'oreille.)

UN SOLDAT.

Ce sont les Français!

UN AUTRE.

Oui, ils n'ont pas de fifre, les gueux!

UN AUTRE.

Ils ont des trompettes!

HATTOUINE.

C'est de la mauvaise race!

IVANOWNA.

Ecoutez!...

(On entend les trompettes de la cavalerie.)

UN SOLDAT, levant le poing.

Attendez!... attendez!... vous ne ferez pas longtemps votre musique... Nous allons venir!

(Le bruit des tambours et des trompettes cesse.)

HATTOUINE.

Ils ont fini.

PLUSIEURS.

Oui... Recommençons!...

(Le fifre et le tambour recommencent. Hattouine chante les derniers couplets. Tout à coup les tambours russes battent la retraite.)

HATTOUINE, allant à la tonne.

C'est la retraite! Arrivez... buvons encore un coup.

TOUS, à voix basse.

Oui, buvons encore un coup.

(Ils suivent Hattouine. Chacun reçoit son verre d'eau-de-vie, et boit dans le plus grand silence. Pendant cette scène, les tambours russes traversent le fond, de droite à gauche, en battant la retraite.

HATTOUINE, à Ogiski.

Tiens, fifre, je vais t'en donner deux... Il faut rester au régiment de Rymnik, tu seras notre fifre.

OGISKI.

Je voudrais bien.

CRIS DES SENTINELLES, à droite.

Sentinelles... garde à vous !...

(Ce cri se répète sur toute la ligne, et va se perdre à gauche.)

HATTOUINE, après avoir bu la dernière.

Chut!... que chacun se couche... Il va bientôt falloir attaquer... Tâchons de dormir un peu.

(Elle arrange une botte de paille contre la roue de sa charrette. Les autres se couchent à droite et à gauche, autour du feu, la tête sur leur sac. Ivanowna seule reste assise près du feu, qui baisse en projetant sa faible lueur sur la scène. La lune monte à droite, au-dessus des Alpes.)

HATTOUINE, se couchant.

Ah! je vais m'en donner. (A Ivanowna.) Tu n'as pas envie de dormir, Ivanowna?

IVANOWNA.

Non, mère Hattouine, je n'ai pas encore sommeil.

HATTOUINE, d'une voix somnolente.

Oui... oui... je pense bien.

(Elle s'endort... Silence général... Au bout d'un instant, Ogiski, resté derrière Ivanowna, se lève doucement sur le coude regarde autour de lui, puis il se rapproche du rocher à droite, où brille encore le feu de Souworow, et se recouche.)

SCÈNE X

IVANOWNA seule, puis IVANOWITCHE

IVANOWNA, seule.

Il a promis de revenir.

(Elle écoute.)

TOUT AU LOIN, de poste en poste

Sentinelles... garde à vous!... Sentinelles... garde à vous!...

(Nouveau silence.)

IVANOWNA.

Comme il tarde!

(Elle jette du bois dans le feu, qui se ranime.)

UNE SENTINELLE, à droite.

Qui vive!

VOIX D'IVANOWITCHE, répondant.

Rymnik!

IVANOWNA.

C'est lui!...

(Elle se lève.)

IVANOWITCHE, accourant.

Me voici!...

IVANOWNA.

Comme tu es resté longtemps?

IVANOWITCHE.

J'ai été obligé de surveiller la distribution du fourrage. (Il lui prend les mains.) Mais je pensais bien que tu m'attendrais.
(Il rit.)

IVANOWNA.

Chut! pas si haut... la *matouchka* dort.

IVANOWITCHE, regardant.

Ah! oui... comme elle dort bien... la pauvre vieille *matouchka*.

IVANOWNA.

Tiens... assieds-toi là... j'ai quelque chose de bon à t'apprendre.

IVANOWITCHE, s'asseyant à côté d'Ivanowna.

Quoi?

IVANOWNA.

Le feld-maréchal s'est arrêté près de notre feu en passant... Il a goûté la soupe.

IVANOWITCHE, étonné.

Il a goûté la soupe?

IVANOWNA.

Oui!... et la *matouchka* lui a parlé.

IVANOWITCHE.

Qu'est-ce qu'elle lui a dit?

IVANOWNA.

Quelque chose de très-bon... oh! de très-bon.

IVANOWITCHE.

Elle est maligne... et Souworow l'aime bien.

IVANOWNA, à voix basse, en se penchant à l'oreille d'Ivanowitche.

Elle lui a dit qu'elle nous marierait ensemble, quand tu serais capitaine!

IVANOWITCHE, stupéfait.

Elle lui a dit cela?

IVANOWNA.

Oui! Et elle a bien dit :—Ivanowitche, le fils de Rymnik, celui qui a porté les ordres à Korsakow.

IVANOWITCHE, la main sur son cœur, et regardant Hallouine.

Oh! la bonne *matouchka*... la brave *ma-*

touchka!... (A Ivanowna.) Et qu'est-ce que Souworow a répondu, Ivanowna?

IVANOWNA.

Il a dit : «—Ivanowitche... Ah! je le connais... c'est un brave... que j'entende parler de lui, et il sera bientôt capitaine !... »

IVANOWITCHE.

Souworow a dit : « Que j'entende parler de lui! » Tu en est sûre, Ivanowna?

IVANOWNA.

Oh! oui, bien sûre!

IVANOWITCHE, se levant.

Alors, je serai capitaine demain. (Se promenant.) Ah! Souworow veut entendre parler de moi... Eh bien, il n'attendra pas longtemps.

IVANOWNA, inquiète.

Qu'est-ce que tu veux faire?

IVANOWITCHE, s'arrêtant et frappant sur son sabre.

Je veux te gagner avec ça!... Il me faut un drapeau ou un canon! (S'exaltant.) Malheur à ceux qui seront devant le sabre d'Ivanowitche!

13.

IVANOWNA, vivement.

Oui... mais prends garde... ils se défendent bien, les autres... Mon Dieu... s'ils allaient te tuer !...

IVANOWITCHE, riant.

Ne crains rien, va !... Demain soir, je serai capitaine. Nous nous marierons... nous resterons toujours ensemble... (Avec entraînement.) Oh ! Ivanowna, pour la bonne nouvelle, il faut que je t'embrasse !

(Il s'approche de la jeune fille, les bras étendus.)

IVANOWNA, le repoussant avec douceur.

Pas maintenant, Ivanowitche.

IVANOWITCHE, étonné.

Pourquoi ?

IVANOWNA, montrant Hallouine.

La *matouchka* dort...

IVANOWITCHE, s'avançant.

Qu'est-ce que cela fait ?

IVANOWNA, reculant.

Non !... Quand la *matouchka* dort... ce n'est pas bien...

IVANOWITCHE, regardant Hattouine.

Ah! si elle pouvait seulement s'éveiller un peu!

HATTOUINE.

Je n'ai pas besoin de m'éveiller, puisque tu m'empêches de dormir, avec tes cris.

IVANOWITCHE, riant, les bras étendus vers Ivanowna.

Eh bien! Ivanowna?

(Ivanowna se jette dans ses bras; ils s'embrassent.)

IVANOWITCHE, attendri.

Maintenant tout est bien... je suis content!...
(Se retournant vers Hattouine.). Et vous, vieille *matouchka*, il faut que je vous embrasse aussi.

(Il se baisse et embrasse Hattouine.)

HATTOUINE.

Oui, je sais bien que tu es un brave garçon. Prends garde seulement, demain, avec tes canons et tes drapeaux, de te faire casser les côtes.

IVANOWITCHE.

Vous avez des idées drôles, mère Hattouine.

HATTOUINE.

Pas si drôles que tu penses. Tu ne serais pas le premier. Les républicains ont aussi des sabres et des baïonnettes... Rappelle-toi le grand pont, où la moitié d'un bataillon a sauté... Rappelle-toi que ces sans-culottes se défendent comme le diable.

(A ce moment, on entend au loin un bruit de trot, et le « qui-vive ! » de plusieurs sentinelles.)

IVANOWITCHE, se retournant.

Qu'est-ce que c'est ?

HATTOUINE, se levant.

Ça veut dire que je ne dormirai pas cette nuit.

(Plusieurs soldats se réveillent, et regardent s'approcher un fort piquet de cosaques, au milieu duquel se trouve un paysan suisse.)

OGISKI, à part, regardant.

Voici du nouveau !

SCÈNE XI

LES PRÉCÉDENTS, LE HETTMANN, LE PAYSAN,
COSAQUES, OGISKI, SOLDATS DE RYMNIK

LE HETTMANN.

Le feld-maréchal !

IVANOWITCHE.

Voici son quartier général... Lui, il est parti pour Altorf.

LE HETTMANN.

De grandes nouvelles, lieutenant... des nouvelles graves !...

(Ogiski devient plus attentif.)

IVANOWITCHE.

Qu'est-ce que c'est ?

LE HETTMANN.

Je ne puis parler qu'au feld-maréchal.

IVANOWITCHE.

Eh bien ! allez à Altorf...

LE HETTMANN.

Et si le feld-maréchal revient par un autre chemin, je serai responsable du retard... Non! je ne veux pas qu'il m'arrive la même chose qu'à l'estafette Mézenkow, sur le Saint-Gothard!

IVANOWITCHE.

Qu'est-ce qui t'empêche d'envoyer un de tes hommes à la grande halle d'Altorf, où le feld-maréchal inspecte les réquisitions?

LE HETTMANN, appelant.

Gawrilow, pousse un temps de galop jusqu'à la ville. Dis au feld-maréchal que de grandes nouvelles sont arrivées au quartier général... des nouvelles de Korsakow.

OGISKI, à part.

Ah! ah!

(Il se lève.)

LE COSAQUE.

C'est bon, hettmann.

(Il part au galop.)

LE HETTMAN, criant.

Approchez, vous autres!

(Alors tous les soldats du bivouac sont éveillés. On rallume le feu.

Les cosaques mettent pied à terre. On forme cercle autour du paysan ; c'est un homme en veste, large feutre noir, guêtres de toile à boutons d'os, et qui présente toute l'apparence d'un boucher du pays. Du reste, il paraît calme. Ogiski l'observe avec attention et se rapproche. Le paysan finit par s'asseoir sur le timon de la charrette de Hattouine, en face du feu, son bâton entre les genoux.)

SCÈNE XII

LES PRÉCÉDENTS, LE HETTMANN, LES COSAQUES, LE PAYSAN

IVANOWITCHE, au hettmann.

C'est lui qui apporte les nouvelles ?

LE HETTMANN.

Oui, lieutenant.

IVANOWITCHE.

Il est venu seul... de lui-même ?

LE HETTMANN.

Je ne puis rien dire qu'au feld-maréchal.

HATTOUINE, s'approchant et regardant d'un air de mépris.

Ça, c'est un boucher... Le hettmann veut faire ses embarras... Il veut attraper une bonne gratification, pour avoir du schnaps... Qu'est-ce qu'un boucher peut savoir?

UNE VOIX, au loin.

Qui vive?

(Les cris de ! Qui vive! se rapprochent rapidement par la droite. Des cris de : Vive Souworow ! s'entendent aussi dans la même direction.)

IVANOWITCHE.

On crie : Vive Souworow! Le cosaque aura rencontré le feld-maréchal en route.

HATTOUINE.

Oui, c'est bientôt l'heure de l'attaque... il revient.

CRIS RAPPROCHÉS.

Vive Souworow !... vive Souworow !...

(Souworow paraît au tournant du chemin, à droite, avec Mandrikine et ses officiers d'état-major. Le cosaque envoyé par le hettmann est dans le nombre.)

SCÈNE XIII

LES PRÉCÉDENTS, SOUWOROW, MANDRIKINE, SES OFFICIERS

SOUWOROW, arrivant au galop et s'adressant au hettmann.

Vous avez pris cet homme à Brunnen?

LE HETTMANN

Oui, feld-maréchal, sur la droite du lac, dans une auberge... Il répandait des nouvelles mauvaises.

SOUWOROW,
mettant pied à terre et regardant le paysan, qui s'est levé.

Tu viens d'où?

LE PAYSAN.

De Lucerne.

SOUWOROW.

Tu es quoi?

LE PAYSAN.

Je suis marchand de bétail, a votre service.

SOUWOROW.

Tu répandais des nouvelles, à Brunnen; quelles nouvelles?

LE PAYSAN.

Je racontais ce qu'on m'avait dit.

SOUWOROW.

Qu'est-ce qu'on t'avait dit?

LE PAYSAN.

Avant-hier, au marché de Horbe, tous ceux

qui venaient de la vallée d'Albis, racontaient que les républicains, dans la nuit, étaient descendus sur les deux lacs et les deux rivières; et qu'une terrible bataille se livrait depuis Mellingen jusqu'à Wésen.

SOUWOROW.

Et puis?

LE PAYSAN.

Et le lendemain, qui est donc hier, le bruit courut vers le soir, que les républicains avaient repris Zurich...

SOUWOROW, avec fureur.

Tu mens... c'est faux!...

LE PAYSAN, épouvanté.

Général, tout le monde le disait...

SOUWOROW, le saisissant à la gorge.

Tu mens!... Tu mens!... Qu'on le fusille!

LE PAYSAN, à demi renversé.

Général! général! C'est la vérité...

SOUWOROW, avec rage.

Qu'on le fusille!... Qu'on fusille ce chien-là contre cette roche.

(Les soldats se précipitent sur le paysan et l'entraînent à gauche.)

OGISKI, à part, détournant la tête.

Barbare!...

LE PAYSAN, d'un accent désespéré.

Général, je suis un père de famille... On l'a dit, général... c'est la vérité!...

(En ce moment retentit un coup de canon au loin sur la gauche. Tout le monde se retourne, les soldats s'arrêtent; Souworow regarde, pâle de colère, il écoute... Silence. — Second coup de canon.)

SOUWOROW, au hettmann.

Va voir ce que c'est!

(Pendant la scène précédente, on remarque toujours Ogiski au premier rang. Il se retire au premier coup de canon, durant quelques minutes. Une joie profonde éclate dans son regard; puis il s'avance de nouveau en composant ses traits.)

HATTOUINE, à Ivanowna.

Ça, ce n'est pas bon signe... Ces coups de canon des républicains sont un mauvais signe.

IVANOWNA.

Oh! mère Hattouine, taisez-vous... le feld-maréchal est en colère...

(Troisième coup de canon. Au même instant arrive un officier d'état-major, au trot, par la droite. Il soutient à cheval un autre officier, en uniforme autrichien, et dont le côté droit est taché de sang.)

SCÈNE XIV

LES PRÉCÉDENTS, L'OFFICIER D'ÉTAT-MAJOR, L'ESTAFETTE

L'OFFICIER D'ÉTAT-MAJOR.

Feld-maréchal, une estafette de Linken.

SOUWOROW, se retournant vivement.

Une estafette de Linken ! (Il regarde.) Cet homme est blessé ?

L'OFFICIER.

Oui, feld-maréchal, d'un coup de feu.

SOUWOROW, vivement.

Qu'on le descende... qu'on le fouille... Il doit avoir une dépêche, un mot...

(Des soldats entourent l'Autrichien et l'étendent à terre, contre le rocher ; l'officier russe descend et le fouille.)

SOUWOROW, avec impatience.

Eh bien ?

L'OFFICIER.

Il n'a rien, feld-maréchal.

SOUWOROW.

Alors qu'il parle... qu'il parle!...

HATTOUINE, s'approchant avec son gobelet rempli de schnaps.

Il va parler, mon fils Basilowitche, ne te fâche pas... Il va parler...

(Elle s'agenouille et donne à boire au blessé, qui se ranime et regarde, hagard.)

L'ESTAFETTE, d'une voix faible.

Le feld-maréchal Souworow?...

SOUWOROW.

Me voilà!... Vous me reconnaissez?

L'ESTAFETTE.

Oui, feld-maréchal.

SOUWOROW.

Pourquoi n'avez-vous pas de commission écrite? L'ennemi vous l'a enlevée?

L'ESTAFETTE.

Non, feld-maréchal, nous sommes partis à huit de Glaris... nous pouvions être interceptés... nous n'avions rien d'écrit...

SOUWOROW.

Interceptés d'ici Glaris!... Les républicains s'étendent donc sur ma droite?

L'ESTAFETTE.

Oui, ils sont en marche pour vous tourner.

SOUWOROW, d'une voix indignée.

Pour me tourner ! Et Hotze... Linken... Jellachich ?...

(L'officier fait un effort pour répondre et tombe évanoui.)

SOUWOROW, se baissant et le secouant.

Hotze !... Linken !... Jellachich !... Répondez !...

(Silence. — La foule se presse et se penche autour d'eux. On remarque toujours Ogiski au premier rang. Sa figure exprime malgré lui une satisfaction terrible.)

SOUWOROW, se redressant et criant d'une voix irritée.

Qu'est-ce que vous voulez ? Retirez-vous ! Sentinelles, écartez ces gens-là ! Qu'on donne de l'air à cet homme... qu'il parle. Un chirurgien ! qu'on cherche un chirurgien !... (Puis voyant la foule toujours pressée.) Portez-le là... là... près du rocher !...

(En même temps il se précipite vers le rocher, prend une carte, la déroule sur la table et se penche avidemment. Quatre soldats prennent le blessé et le portent sous la roche en demi-voûte. Les officiers les suivent. Des sentinelles écartent les autres. Hattouine, Ivanowitche et Ivanowna restent isolés auprès de la charrette. La foule compacte est tenue à distance, à gauche ; elle forme muraille ; les sentinelles se promènent devant. Ogiski est toujours là, le plus rapproché de la roche ; il écoute, et transmet à voix basse aux soldats les mots qui lui arrivent.)

SCÈNE XV

LES PRÉCÉDENTS, LE HETTMANN

LE HETTMANN, fendant la presse.

Feld-maréchal, ce n'est rien... l'ennemi tire à poudre.

OGISKI, à part.

Ils tirent pour la victoire de Masséna!...

SOUWOROW, penché sur sa carte.

Ils s'étendent sur ma droite! (Suivant du doigt.) Schwitz... Glaris... Wésen...

MANDRIKINE.

L'estafette se ranime...

SOUWOROW, accourant.

Voyons, qu'on lui relève le corps... la tête... (Se penchant.) Linken était à Glaris, quand vous êtes parti?

L'ESTAFETTE, d'une voix faible.

Il commençait sa retraite.

SOUWOROW.

Sa retraite?...

L'ESTAFETTE.

Oui... sur les Grisons...

SOUWOROW.

Et Hotze?

L'ESTAFETTE.

Il est mort!

SOUWOROW.

Mort! On a donc livré bataille?... On a donc attaqué avant le jour convenu?... On a voulu gagner sans moi!... (s'emportant.) Oh! les misérables!... les misérables!...

(L'officier fait des efforts pour répondre. — Silence.)

OGISKI, aux soldats, en étouffant sa voix.

Linken se sauve... Hotze est tué!

L'ESTAFETTE,
d'une voix entrecoupée, une main appuyée sur sa blessure.

Non, feld-maréchal... Les républicains nous ont prévenus... Ils ont commencé leur attaque, dans la nuit... du 24 au 25... Vingt mille hommes se sont portés... sur la Linth... par Wésen... Ils ont écrasé le régiment de Bender...

et un bataillon de Hongrois... Le général Hotze est accouru... avec son état-major... Il a été tué... et son corps d'armée mis en déroute... (Il s'arrête, épuisé. — Faisant un effort suprême.) Tout ce que le général Linken a pu faire... c'était de vous prévenir... du désastre...

(Il pousse un cri de douleur et s'évanouit.)

SOUWOROW, se penchant,—d'une voix déchirante.

Et Korsakow?... Korsakow?...(Silence.—se relevant, la face contractée.) Allons... il faudra périr ici, sans rien apprendre de plus... Hotze... Linken... Jellachich... Tout est perdu... tout est en déroute... tout!...

OGISKI, aux soldats, bas.

Le feld-maréchal dit que tout est perdu... en déroute...

(Les soldats se regardent stupéfaits. En ce moment, l'horizon à gauche s'éclaire sur toute l'étendue du lac.)

OGISKI, étendant le bras.

Regardez!... Les républicains illuminent!...

(La foule se retourne et pousse un long murmure de stupeur. Souworow regarde. Entre le chirurgien Sthâl.)

14

SCÈNE XVI

LES PRÉCÉDENTS, LE DOCTEUR STHAL

SOUWOROW, retournant à sa carte.

Voyez ce qu'il reste à faire pour cet homme... qu'il parle... Non! j'en sais assez! (Avec rage.) On me promet tout... j'avance... je renverse les obstacles... Encore un jour... je suis le maître! Et au lieu de soixante mille hommes en bataille... je ne trouve plus un soldat... plus rien... rien!...

(Il froisse sa carte. Les officiers autour de lui n'osent lui parler. Il s'assied, se relève, tourne comme une bête fauve, et se rassied. Le chirurgien Sthâl s'agenouille près du blessé; il lui ouvre son uniforme et débride la blessure; le sang coule, le blessé se ranime.)

L'ESTAFETTE.

Oh!... je respire...

STHAL, à son voisin.

Le sang l'étouffait... (Se relevant, et parlant à Souworow.) Il va répondre, feld-maréchal.

SOUWOROW, accourant brusquement.

Qu'est devenu Korsakow, lui? qu'est-ce qu'il est devenu? Il s'est aussi sauvé, sans doute?

L'ESTAFETTE.

Non, feld-maréchal!... Le même jour les républicains ont passé la Limmat... Ils ont écrasé les corps d'armée de Markow et de Durazow, en rejetant toute l'armée... dans Zurich... Et le lendemain, ils ont coupé la ligne de retraite au lieutenant général Korsakow sur Schaffouse... Ils ont pris son trésor... son artillerie et ses bagages...

(A mesure qu'il parle, Ogiski, l'oreille tendue, répète à voix basse :)

« Ils ont écrasé Markow et Durazow!... Ils
« ont pris le trésor, les canons et les voitures
« de Korsakow! »

(Les soldats se regardent terrifiés.)

SOUWOROW, d'une voix vibrante.

Et maintenant ils sont en marche, par Schwitz, Wésen, Glaris, pour venir écraser le vieux Souworow!... le vieux Souworow seul!... (Avec un redoublement de fureur.) Mais Souworow n'est pas

un Linken, un Jellachich, un Korsakow...
Souworow a gagné ses grades sur le champ de
bataille... C'est un soldat de fortune... Ce n'est
pas un baron... un courtisan... un archiduc...
C'est un vieux Cosaque!... (silence.) Eh bien,
qu'ils viennent couper sa retraite... qu'ils viennent!...

(Il marche, et tout à coup s'assied, se couche sur la carte et semble dominer sa fureur.)

UNE VOIX, au fond des groupes silencieux.

Nous sommes entourés! Il ne reste plus qu'à se rendre!..

SOUWOROW, se relevant, et bondissant à travers le cercle.

Qui a parlé de se rendre?... qu'on l'assom-
me... qu'on le déchire! (Grand silence. Personne ne bouge. Souvorow se parlant à lui-même.) Du calme, Souworow...
du calme... tout n'est pas perdu!... tâche de
sauver tes vieux soldats... (Nouveau silence. Il se rassied, regarde la carte, puis se retourne et crie :) Le chef de la reconnaissance du Schæchenthal!

HATTOUINE, à Ivanowitche, — le poussant.

C'est toi, Ivanowitche... c'est toi qu'il appelle.

IVANOWITCHE, bondissant de sa place et fendant la presse.

Feld-maréchal?

SOUWOROW.

Tu as poussé ce matin jusqu'aux environs de Muotta?

IVANOWITCHE.

Oui, feld-maréchal, à sept lieues de Glaris.

SOUWOROW.

C'est un chemin praticable à l'artillerie?

IVANOWITCHE.

Non, deux hommes peuvent à peine y passer de front; il est bordé de précipices.

SOUWOROW.

N'importe !... c'est notre seule ligne de retraite... on y passera !.. Tu vas partir en éclaireur avec deux cents cosaques. Tu traverseras le plus rapidement possible le défilé du Schæchenthal. Une fois de l'autre côté, tu pousseras des reconnaissances vers Schwitz et Glaris... Tâche de te renseigner exactement sur la force et les positions des corps ennemis, qui voudraient s'opposer à notre passage. Il faut qu'en

14.

arrivant nous puissions attaquer sans perdre une minute... Tu comprends?

IYANOWITCHE.

Oui, feld-maréchal,

SOUWOROW.

C'est bien... va!... (Ivanowitche s'éloigne et se dirige du côté de Hattouine. — Appelant.) Bagration?

MANDRIKINE.

Il n'est pas là, feld-maréchal.

SOUWOROW.

Qu'on le cherche !

(Mandrikine se retourne et dit un mot à un officier, qui s'éloigne. Souworow se penche sur sa carte.)

IVANOWITCHE, à Hattouine et à Ivanowna.

Je pars...

HATTOUINE,

Où vas-tu?

(Ogiski se rapproche et prête l'oreille.)

IVANOWITCHE.

Le feld-maréchal m'envoie en éclaireur du côté de Schwitz et de Glaris.

IVANOWNA, inquiète.

Est-ce que nous irons aussi de ce côté-là?

IVANOWITCHE.

Oui, l'armée va traverser le Schæchenthal... nous nous retrouverons demain... Allons... au revoir, Ivanowna... et vous aussi, *matouchka*... Bon courage!..

(Il leur serre la main et s'éloigne rapidement. Au même instant, Bagration paraît à gauche.)

OGISKI, à part, regardant sortir Ivanowitche.

Va... cours!... Je serai à Glaris avant toi...

(Il se perd dans la foule.)

BAGRATION, s'arrêtant près de Souworow.

Vous m'avez fait appeler, feld-maréchal?

SOUWOROW.

h! c'est vous, Bagration... Nous allons traverser le Schæchenthal... Vous prendrez le commandement de l'avant-garde... Les pièces seront démontées comme au Saint-Gothard. Chaque mulet recevra cent gargousses. Il s'agit de gagner l'ennemi de vitesse, de passer sur le ventre aux corps républicains qui voudraient nous fermer le chemin de Glaris, et de rallier les débris de Hotze et de Korsakow.

BAGRATION.

C'est tout, feld-maréchal?

SOUWOROW.

Oui... point de retard... Une marche rapide peut tout sauver!... Je compte sur vous, Bagration. (Bagration salue, et sort vivement.) Général Rosemberg!

ROSEMBERG, s'avançant.

Feld-maréchal?

SOUWOROW.

Je vous confie le commandement de mon arrière-garde.

ROSEMBERG.

Merci, feld-maréchal.

SOUWOROW.

Les feux resteront allumés. On les entretiendra jusqu'à la dernière heure... Si Lecourbe vous presse, tenez comme un roc!... Nous ne pouvons passer qu'un à un dans le Schæchenthal... Il faudra du temps!.. Au besoin vous brûlerez Altorf et tous les villages sur vos derrières, pour retarder la marche de l'ennemi. (Rosemberg salue et sort. Souworow appelant.) Mandrikiné!

MANDRIKINE.

Feld-maréchal ?

SOUWOROW.

Ecrivez ! (Il se lève et dicte.) « Aux lieutenants généraux Korsakow, Linken et Jellachich.—Quartier général de Séedorf, le 28 septembre 1799.— J'apprends votre déroute... J'arrive réparer vos fautes... Tenez ferme comme des murs... Encore un pas en arrière, et je ne ferai point de grâce. » (Mandrikine lui présente la plume, il signe sans s'asseoir.) Faites partir tout de suite.

(Mandrikine se dirige vers le groupe des officiers d'état-major. On le voit donner des ordres avec vivacité. Plusieurs officiers montent à cheval ; une grande agitation règne dans le fond. Souworow reste seul sur le devant de la scène.)

SOUWOROW, à part.

Il me reste dix-huit mille hommes... Les débris de Hotze et de Korsakow m'en donneront bien trente mille... Nauendorf arrive avec une réserve de dix mille Bavarois... On peut presser sa marche... Dans quatre ou cinq jours j'aurai soixante mille hommes, et je recommencerai la bataille.

MANDRIKINE.

Feld-maréchal... les ordres sont partis!... Faut-il commencer la retraite?

SOUWOROW,
avec colère, et de façon à être entendu de tout le monde.

Souworow ne bat pas en retraite!... Il va rejoindre les débris de Hotze et de Korsakow... et réparer les sottises des généraux d'antichambre!

(Il saute brusquement à cheval et sort au galop. Les officiers d'état-major le suivent. Le tambour bat de tous côtés. Les soldats mettent leurs sacs, prennent leurs fusils, etc. Grand mouvement. A peine les tambours russes ont-ils fini leurs roulements sourds, qu'on entend au loin, à gauche, dans le silence de la nuit, s'élever le chant de la *la Marseillaise* :

Allons, enfants de la patrie,
Le jour de gloire est arrivé...

SEPTIÈME TABLEAU

LE PARLEMENTAIRE

Un village dans la gorge du Klœnthâl. Au fond, la maison du bourgmestre occupée par Molitor; devant la maison un jardin. A droite, sous un grand hangar en planches, se tient la cantine. On chante, on rit, les verres et les bouteilles tintent; on ne fait qu'entrer et sortir. A gauche, en montant, se prolonge la rue jusqu'au défilé de Glotten, qu'on aperçoit. Au-dessus du défilé s'étendent les cimes des montagnes. C'est une scène matinale, au petit jour. Quelques lumières brillent encore à la cantine, et dans la maison du fond. Un poste de garde est en train de se faire la perruque : une file de soldats, à cheval sur un banc, se ficellent la queue l'un à l'autre. Plusieurs essayent des effets d'habillement, qu'ils tirent de sacs autrichiens, enlevés au combat de la veille contre Linken. Une sentinelle se promène, l'arme au bras, devant le jardin. Le drapeau français flotte sur la maison du fond.

SCÈNE PREMIÈRE

LE SERGENT GAUCHÉ, LE SOLDAT RABOT,
D'AUTRES SOLDATS.

LES SOLDATS, *fredonnant, en se ficelant la queue.*

Dansons la carmagnole,
Vive le son... vive le son...

Dansons la carmagnole,
Vive le son du canon !

LE SERGENT, fouillant dans un sac autrichien.

Des bouffettes !... Excusez... Il avait des bouffettes roses, le kaiserlick ! (Se retournant, et s'adressant à l'un des soldats.) Philidor, tu vas mettre cet ornement à ma queue... j'aurai l'air d'un garçon de noce.

(Tous rient.)

UN SOLDAT.

Vous feriez mieux de les donner à la citoyenne Marie-Anne, sergent.

LE SERGENT.

C'est une idée... nous verrons ça. (Continuant à fouiller.) Et du savon !... Du savon... un peigne... des rasoirs !... Ah ! gueux d'Autrichiens, ils s'en passent des agréments en campagne !

(Plusieurs se lèvent et viennent regarder ; d'autres les remplacent sur le banc.

LE SOLDAT RABOT, ouvrant aussi son sac.

A mon tour... Je vais voir s'il y a moyen de se renipper.

UN AUTRE.

Encore une ou deux rencontres avec Linken

et Jellachich, et toute la brigade Molitor aurait été remontée de fond en comble.

LE SERGENT.

Et sans compromettre le trésor de la République ! (Ramenant une brosse.) Une brosse à dents !... non, une brosse à cirage. Il se cirait les bottes, le muscadin ! (Grands éclats de rire. Le sergent se lève et regarde autour de lui, d'un air comique et solennel.) Ça, camarades (il montre la brosse), ça prouve que le kaiserlick avait des bottes au fond de son sac. C'est démonstratif... Ouf! (Il se baisse, bouscule tout, et tire du fond du sac une paire de bottes par les oreilles. Il les montre à la ronde.) Ah ! fichtre ! je les tiens... (Regardant les soldats penchés autour de lui ;—d'un air grave.) Nous allons les essayer... Qu'en pensez-vous? Attention aux projectiles! (D'un coup de pied, il lance ses vieux souliers éculés à droite et à gauche, puis il s'assied au bout du banc, en tirant ses bottes avec force grimaces.) Ah! gueux de kaiserlick, ça devait être un fils de famille... Tous les fils de-famille ont de petits pieds, à cause des mois de nourrice... Canaille !...

(Pendant ce temps, le soldat Rabot a tiré de son sac avec colère une foule de vieilles guenilles ; l'indignation est peinte sur sa figure.)

UN SOLDAT, criant.

Hé! vous autres, regardez donc le sac de Rabot.

(Tous se retournent.)

RABOT, rejetant du sac un tas de guenilles.

Ce n'est pas le sac d'un Autrichien ça... C'est le sac d'un sans-culotte... d'un volontaire de la République... Le kaiserlick m'a mis dedans!...

(Tous rient.)

LE SERGENT, se promenant après avoir mis les bottes.

J'y suis! (Se tournant vers les soldats d'un air goguenard.) Vous les trouverez toujours sur le chemin de l'honneur!... Paroles mémorables d'un ci-devant plumet-blanc. Je les adjuge à mes bottes... Elles en sont dignes !

RABOT, vidant son sac avec fureur.

Je n'ai jamais eu de chance!

UN AUTRE.

Encore, si ce n'était pas la fin de la danse, tu pourrais te rattraper... Mais allez courir après les sacs de Linken, ha! ha! ha !

RABOT, jetant le sac.

Canaille de kaiserlick!...

LE SERGENT, après avoir fait deux ou trois tours.

Décidément, elles ont été faites pour moi. (Se tournant vers les soldats.) Ah! ça, camarades, voyons le reste... (Il retourne son sac.) Deux chemises de rechange... rien que ça... ha! ha! ha! Il connaissait mon amour du beau linge!... Et des bas... des bas blancs, tricotés comme par ma grand'mère!... (Se relevant, et s'essuyant le coin de l'œil.) Ce souvenir m'attendrit. Il avait peur des rhumes de cerveau, le bon kaiserlick!... ha! ha! ha!

(Les soldats éclatent de rire. La cantinière paraît sous le hangar à droite, et regarde.)

SCÈNE II

LES PRÉCÉDENTS, LA CANTINIÈRE MARIE-ANNE

LA CANTINIÈRE.

Qu'est-ce que vous avez donc à rire, vous autres?

LE SERGENT, criant.

Hé! payse, arrive un peu contempler les trophées de la victoire!

MARIE-ANNE, arrivant.

Qu'est-ce que c'est?

LE SERGENT.

Tiens... regarde, citoyenne; qu'est-ce que tu penses de ça?

MARIE-ANNE.

Du savon... des bouffettes... un peigne... Oh! Gauché, tu vas me faire un don patriotique. J'ai perdu mon peigne, j'ai usé mon savon depuis thermidor.

LE SERGENT.

Hé! hé! comme tu y vas, payse!... Les bouffettes, oui... c'est un ornement du beau sexe... mais le savon... le peigne... *motus*.

MARIE-ANNE.

Oh! le beau linge! Qu'est-ce que tu demandes de ces chemises?

LE SERGENT.

Elles sont en réquisition pour le service du sergent Gauché, citoyenne.

MARIE-ANNE.

Si tu me les consacres, Gauché, je suis capable de te sauter au cou.

LE SERGENT.

Ça me flatterait, payse, oui!... Mais vu l'état du fourniment et l'arriéré de la solde, je suis forcé de les rempaqueter pour le fils de maman... Ça me saigne le cœur!

MARIE-ANNE.

Au moins, donne-moi le savon?...

LE SERGENT.

Et qu'est-ce qui fera la barbe du sergent Gauché? (Se levant d'un air solennel.) Marie-Anne, vous êtes ambitieuse : l'ambition perd les États. Mais, nonobstant l'observation, je vous consacre mon savon, à cette fin que vous versiez un petit verre aux hommes du poste, après la garde. Ça va-t-il?

MARIE-ANNE.

Ça va! (Ils se donnent la main. Elle reçoit le savon, qu'elle fourre dans sa poche. Le sergent ferme son sac. Marie-Anne regarde les autres.) Vous voilà tous renippés.

UN SOLDAT.

Oui, citoyenne, nous avons tous de bons souliers autrichiens.

UN AUTRE.

Ah! si l'on pouvait mettre les capotes et les culottes des kaiserlicks (il montre une capote autrichienne), nous serions des mirliflores!

MARIE-ANNE, riant.

Hé! ils ont tous des chemises et des souliers... Ah! les gueux, les voilà remplumés pour longtemps.

LE SERGENT.

Et ça ne coûte rien à la République une et indivisible; c'est le citoyen François II qui se charge des fournitures.

MARIE-ANNE.

Ah! oui, mais il était temps... il était temps!

UN OFFICIER, sur le seuil du hangar, appelant.

Marie-Anne?

MARIE-ANNE.

Voici, lieutenant, voici.

(Elle rentre.)

SCÈNE III

LES PRÉCÉDENTS, moins LA CANTINIÈRE

LE SERGENT, se retournant et regardant Rabot tout déconfit.

Quant à toi, Rabot, vu la débâcle de Korsakow, de Jellachich, de Linken et de tous nos fournisseurs ordinaires, tu vas rester au bataillon avec ta vieille culotte, ton vieux morceau de chemise et tes paquets de ficelles aux jambes, comme un monument de la glorieuse campagne d'Helvétie de l'an VII. Tu reposeras sur tes lauriers, ça doit te consoler.

RABOT.

J'aimerais mieux des chemises et des souliers.

LE SERGENT.

Sans doute! mais quand on repose sur ses lauriers, la récolte des chemises est finie, et les souliers autrichiens et russes s'en vont à marches forcées. Je te plains, mais je me console. Il faut attendre la campagne de l'an VIII.

(En ce moment passent deux officiers d'état-major, arrivant au galop de la maison du fond, où l'on voit l'agitation d'un quartier général.)

UN SOLDAT, regardant les officiers.

Ils ont l'air bien pressés.

UN AUTRE.

C'est pour distribuer les billets de logement.

LE SERGENT.

Oui, nous allons prendre nos quartiers d'hiver, et ce n'est pas trop tôt.

UN AUTRE.

Depuis la campagne des Grisons, les cuisses m'entrent dans les côtes.

LE SERGENT.

Le fait est qu'on trouverait des promenades plus agréables.

(On entend battre le tambour, à droite du village.)

UN SOLDAT, écoutant.

Qu'est-ce que c'est?

LE SERGENT.

Ça m'a l'air d'être du nouveau.

(Tous écoutent. Le tambour bat de tous les côtés.)

UN SOLDAT.

On bat la générale.

LE SERGENT.

Oui.

MARIE-ANNE, sortant de la cantine.

Hé! Gauché?

LE SERGENT.

Payse?

MARIE-ANNE.

Qu'est-ce qui se passe?

LE SERGENT.

Je crois que ces gueux d'Autrichiens reviennent se frotter à nos baïonnettes!... (Se tournant vers Rabot.) Ça doit te flatter, toi, tu ris dans ta barbe?

RABOT, riant.

Je ne vous cache pas, sergent, que ça me flatte... C'est une bonne occasion de me rattraper!

(Passent deux nouveaux officiers d'état-major.)

LE SERGENT, regardant.

Encore! (Se tournant vers les soldats.) Ah! ça, camarades, il paraît décidément que les kaiserlicks n'en ont pas assez!... Tant mieux... Je me faisais à part moi la réflexion qu'il me manque encore de la cire à moustaches.

(Tous rient. Le bruit du tambour continue.)

SCÈNE IV

LES PRÉCÉDENTS, UN OFFICIER DE RONDE

CRI, à droite.

Qui vive!

LE SERGENT.

La ronde!... A vos armes!...

(Les soldats prennent leurs fusils et se mettent sur deux rangs, à droite.)

LE CAPITAINE DE RONDE, arrivant avec un falot éteint.

Rien de nouveau?

LE SERGENT.

Un particulier sous escorte est venu vers cinq heures... Il voulait voir le général Molitor; sur les ordres du planton, il a passé.

LE CAPITAINE.

C'est tout?

LE SERGENT.

Oui, capitaine.

LE CAPITAINE.

C'est bien...

(Arrive un officier d'état-major du quartier général, au galop ; il tient plusieurs feuilles volantes à la main.)

L'OFFICIER D'ÉTAT-MAJOR, au capitaine.

Proclamation du général Molitor !

(Il lui remet une feuille et sort au galop. On l'entend crier en s'éloignant : — Proclamation du général Molitor ! — Sa voix se perd au milieu du bruit des tambours, qui battent la générale, et des trompettes de la cavalerie qui sonnent à gauche du village.)

LE CAPITAINE,
après avoir parcouru la feuille d'un air de bonne humeur.

Ah ! ah ! voilà du nouveau... (Il se place devant les soldats et lit.) « Ordre du jour du général Molitor. — Schœnberg, le 8 vendémiaire, an VIII de la République. — Officiers, sous-officiers et soldats de la 84e. Après avoir soutenu seuls les efforts de Linken et de Jellachich, et couronné vos drapeaux d'une gloire immortelle en rejetant deux corps d'armée, l'un au delà des monts Keresen, l'autre au fond des lignes grises, pendant que le général en chef Masséna écrasait les Austro-Russes devant Zurich, le moment du repos semblait venu. Mais Souworow s'avance à son tour. Il remonte le Schæchenthal à la tête de vingt mille hommes. Le vainqueur de Cassano, de la Trébia et de Novi vient rejoindre ses lieutenants qui n'existent plus, et réparer les fautes d'une armée en pleine déroute. C'est à vous encore qu'il appartient de l'arrêter, de venger nos frères tombés en Italie, et de donner aux généraux Masséna et Lecourbe le temps d'accourir et de l'enfermer dans les montagnes! — Soldats de la 84e, la République se repose sur vous. Notre position est excellente : dans un défilé, trois bataillons résolus en valent cinquante... Je ne vous en dis pas plus; les soldats de la France ne comptent pas leurs ennemis! — Vive la République! »

LE CAPITAINE, levant son chapeau.

Vive la République!

TOUS.

Vive la République!

(Molitor et Ogiski paraissent sur les marches de la maison du fond. Ils descendent l'allée du jardin en causant. Quelques officiers d'état-major les suivent à distance; des hussards viennent derrière, tenant des chevaux. Ogiski est en costume de montagnard suisse.)

LE CAPITAINE, commandant.

Présentez armes !

SCÈNE V

LES PRÉCÉDENTS, MOLITOR, OGISKI, OFFICIERS D'ÉTAT-MAJOR, HUSSARDS

MOLITOR, s'arrêtant à l'entrée du jardin, devant le poste.

Et vous avez eu le temps de voir Lecourbe ?

OGISKI.

Je l'ai vu le soir même à Séedorf, en quittant le camp russe. C'est en ma présence que ses courriers sont partis pour Schwitz, prévenir le général en chef du mouvement de Souworow dans le Schæchenthal. J'ai voulu vous porter moi-même l'avis de ce mouvement, et vous mettre en garde contre toute surprise.

MOLITOR.

Je vous remercie au nom de la République.

(Il fait un signe de la main au capitaine.)

LE CAPITAINE, commandant.

Portez armes !... Armes bras !... Fixe !

(Arrive au galop, par la droite, un officier de hussards.)

SCÈNE VI

LES PRÉCÉDENTS, L'OFFICIER DE HUSSARDS

L'OFFICIER.

Général, le commandant Bergeron vous prévient qu'une forte colonne russe est en vue de nos avant-postes.

MOLITOR.

Elle descend le Pragel?

L'OFFICIER.

Oui, général; tous les chemins de la montagne se couvrent de baïonnettes.

MOLITOR.

C'est bien... nos dispositions sont prises pour les recevoir. Dites au commandant de faire replier nos avant-postes sur le défilé de Glotten. (L'officier part au galop. Se tournant vers Ogiski.) Vous n'avez rien à me demander, Ogiski?

OGISKI.

Pardon, général... une grâce.

MOLITOR.

Laquelle ?

OGISKI.

Ma mission est finie... Souworow est cerné dans les montagnes... Avant d'être ce que je suis... j'étais soldat...

MOLITOR.

Vous voulez combattre?

OGISKI.

Oui, général... C'est la seule récompense que j'ambitionne.

MOLITOR.

Vous l'avez bien gagnée ! (Se tournant vers ses officiers.) Capitaine Barroy?

LE CAPITAINE, sortant vivement du groupe.

Général?

MOLITOR.

Vous allez présenter le citoyen Ogiski au colonel Dubourg ; qu'on lui remette des armes, et qu'il choisisse parmi les chevaux des hussards tués hier, celui qu'il voudra... Il combattra dans nos rangs... C'est un soldat!...

OGISKI, avec émotion.

Merci, général !

(Il s'éloigne avec le capitaine. Au même instant, entre par la gauche l'officier de hussards qui est venu annoncer l'apparition de la première colonne russe.)

SCÈNE VII

MOLITOR, L'OFFICIER DE HUSSARDS, SOLDATS, OFFICIERS D'ÉTAT-MAJOR

L'OFFICIER, arrivant au galop.

Général, un parlementaire russe...

MOLITOR.

Vous l'avez amené ?

L'OFFICIER.

Oui, général.

MOLITOR.

Faites-le venir.

(L'officier sort. Molitor et ses officiers d'état-major montent à cheval. Presque aussitôt l'officier de hussards rentre avec un dragon russe ; c'est le commandant Popritchine ; il a les yeux bandés ; deux hussards l'accompagnent. A l'arrivée du parlementaire, Marie-Anne sort de la cantine pour entendre ; des gens du village regardent aussi aux fenêtres ; les officiers d'état-major s'avancent et forment le demi-cercle. Les soldats du poste restent toujours en rang, l'arme au bras.)

SCÈNE VIII

LES PRÉCÉDENTS, LE PARLEMENTAIRE, MARIE-ANNE, HUSSARDS, ETC.

MOLITOR, à l'officier de hussards.

Otez le bandeau du parlementaire.

(L'officier obéit.)

POPRITCHINE, d'un ton hautain.

Le général Molitor?

MOLITOR.

C'est moi.

POPRITCHINE.

Le feld-maréchal Souworow, avant d'attaquer le défilé de Glotten (Appuyant sur les mots.), défendu par vos trois bataillons, me charge de vous prévenir qu'il connaît vos forces et votre position entre Linken, Jellachich et lui. Il me charge de vous inviter, au nom de l'humanité, à bien peser les conséquences d'une résistance inutile, et de vous faire savoir qu'il vous accorde un quart d'heure pour déposer les armes.

MOLITOR.

C'est tout ?

POPRITCHINE.

Oui, c'est tout, général.

MOLITOR, d'un accent ironique, en regardant sa montre.

Un quart d'heure de réflexion... Le feld-maréchal Souworow est généreux ! moi, je lui donne vingt minutes, pour se rendre avec armes et bagages. C'est également au nom de l'humanité que je lui parle. Sa position m'est parfaitement connue : il a Lecourbe en queue; dans quelques heures il aura Soult et Masséna en flanc, et, en attendant, il a Molitor en tête. (D'un accent indigné.) Dites à Son Excellence que le temps de la jactance est passé, que de pareils moyens peuvent réussir avec des Turcs ; mais que les Français trouvent ridicule toute sommation de ce genre, quand on n'est plus en état de joindre les actes à la menace. — Dites-lui que Linken et Jellachich sont battus... Que Jellachich a repassé les montagnes de Keresen, et que Linken est en pleine retraite sur les Grisons. — Qu'il réfléchisse à mon invitation... Quand une porte est fermée, on est heureux quelquefois de s'échapper par les fenêtres.

POPRITCHINE, d'un ton sec et dur, en regardant sa montre.
Vous avec encore dix minutes.

MOLITOR, riant.
Dans ce cas, Son Excellence le feld-maréchal n'a plus qu'un quart d'heure ! (A l'officier de hussards, —d'un ton froid.) Reconduisez le parlementaire. (On remet son bandeau à Popritchine, et comme on le reconduit, Molitor ajoute :) Ces gens-là parlent toujours comme au lendemain de Novi... Ils ne veulent pas comprendre que Masséna a gagné, il y a deux jours, la bataille de Zurich! (Puis s'adressant à ses officiers, d'un ton de bonne humeur.) Allons... messieurs... allons! Lecourbe arrive derrière les colonnes russes... Soult et Masséna viennent par la droite... Tout ira bien !... Nous avons battu Linken hier, et Jellachich avant-hier... Il s'agit de battre aujourd'hui Souworow l'Invincible !

(Il pique des deux et sort par la gauche. L'état-major le suit.)

LE CAPITAINE, commandant.

Par le flanc droit... droit!... En avant... par file à gauche... pas accéléré... marche !

MARIE-ANNE, regardant défiler le peloton.

Rabot, tâche d'attraper un bon sac !...

RABOT, se retournant.

Soyez tranquille, citoyenne Marie-Anne, on aura ce soir des bottes en cuir de Russie !

(Marie-Anne rit. D'autres troupes arrivent par la droite, et défilent tambour en tête.)

HUITIÈME TABLEAU

LE CHAMP DE BATAILLE

La grande rue du hameau, après le combat. Il fait nuit noire. La lune éclaire quelques pignons restés debout; les fenêtres des masures reçoivent un reflet rouge de l'incendie, qui les consume encore à l'intérieur. Des cadavres amoncelés apparaissent confusément à l'angle des ruelles. De lointaines rumeurs sur la gauche annoncent la retraite précipitée de Souworow. Un groupe d'hommes descend lentement la ruelle sombre en face, à la lueur d'une torche : la torche s'abaisse, tourne autour des tas de morts, puis se remet en marche. Parfois elle disparaît : ce sont les chirurgiens et leurs aides qui relèvent les blessés. A gauche, derrière une maison presque rasée par les boulets, se trouvent Hattouine et Ivanowna ; elles se dépêchent d'atteler le cheval au kibitk. Des cosaques, arrivant par la gauche, traversent la scène au galop et disparaissent à droite.

SCÈNE PREMIÈRE

HATTOUINE, IVANOWNA, COSAQUES, BLESSÉS RUSSES

PLUSIEURS COSAQUES, traversant la scène au galop.

En retraite !... En retraite !...

HATTOUINE, harnachant le cheval.

Dépêchons-nous, Ivanowna, la retraite commence. Quand les enfants de Rymnik passeront, nous partirons avec eux. Donne-moi le collier.

IVANOWNA, lui donnant le collier du cheval.

Mon Dieu !... pourvu qu'Ivanowitche ne soit pas blessé !

(Elle aide Hattouine.)

UN BLESSÉ, se soulevant.

Un verre de schnaps, *matouchka*.

UN AUTRE.

Tout mon sang coule... Je n'ai plus de force... un morceau de pain pour l'amour de Dieu !

UN AUTRE, au fond, d'une voix pitoyable.

De l'eau !... de l'eau !...

(On entend des gémissements de tous côtés.)

HATTOUINE, continuant à harnacher son cheval.

Les voilà qui recommencent... (Criant.) Hé ! je vous ai donné tout ce que j'avais... Je n'ai plus de schnaps... je n'ai plus de pain... je n'ai plus de linge... je n'ai plus d'eau... La charrette est vide... Que voulez-vous que j'y fasse? Prenez patience... les chirurgiens arrivent... Voyez, là-haut, les torches... on vous relèvera...

UN BLESSÉ.

Les chirurgiens ne pourront jamais relever tout le monde cette nuit, il y en a trop...

UN AUTRE.

Nous sommes perdus !

(Il se recouche d'un air désespéré.)

UN AUTRE, levant le bras.

Mon Dieu !... mon Dieu !

HATTOUINE, à Ivanowna.

Passe la bride dans les anneaux... dépêche-toi.

UNE VOIX, à gauche.

En avant !... en avant !...

IVANOWNA, se précipitant vers le fond.

Ivanowitche !

(Ivanowitche paraît à gauche, à la tête d'une douzaine de dragons. En apercevant Ivanowna, il arrête brusquement son cheval lancé au galop.)

SCÈNE II

LES PRÉCÉDENTS, IVANOWITCHE, DRAGONS

IVANOWITCHE.

Halte! (Sautant à bas de son cheval, et courant à Ivanowna.) Ivanowna!... (Il l'embrasse.—Apercevant Hattouine.) La matouchka... Ah! je suis content de vous voir!

IVANOWNA.

Tu n'es pas blessé?

IVANOWITCHE.

Non, je n'ai rien...

IVANOWNA.

Oh! j'avais peur.

HATTOUINE.

Où vas-tu donc avec ces dragons?

IVANOWITCHE.

Le feld-maréchal m'a dit de courir en avant, de fouiller les villages, pour trouver des guides.

HATTOUINE.

Alors c'est fini... nous partons ?

IVANOWITCHE.

Oui, *matouchka*, toutes nos attaques pour forcer le passage ont été repoussées... Les républicains arrivent par la gauche, par la droite; les villages brûlés coupent leurs ponts derrière nous; il ne nous reste qu'un chemin libre, celui de la vallée d'Engi; demain il serait trop tard.

HATTOUINE.

Est-ce que le Rymnik a perdu beaucoup de monde ?

IVANOWITCHE.

Environ quatre cents hommes. Le commandant Novozilzow, les capitaines Brizenski, Lagonon et Buxhowden sont tués.

HATTOUINE.

Quatre cents hommes ! — Et les autres ?

IVANOWITCHE.

Les autres ont aussi perdu beaucoup de monde... Ismaïl est presque détruit. Les républicains ont tenu comme des murs. C'est terrible ! Vous feriez bien de partir tout de suite, *matouchka*, puisque le kibitk est prêt; on ne sait pas ce qui peut arriver.

HATTOUINE.

Je veux partir avec mon régiment.

IVANOWITCHE.

Mais le Rymnik va soutenir la retraite. Vous serez toujours au milieu du feu.

HATTOUINE, secouant la tête.

La vieille *matouchka* ne quitte pas ses enfants !

UN SOUS-OFFICIER DE DRAGONS.

Lieutenant, la tête de colonne arrive au bout de la rue; nous allons être en retard.

IVANOWNA, se jetant au cou d'Ivanowitche.

Reste avec nous, Ivanowitche !

HATTOUINE, attirant Ivanowna.

Non... c'est son devoir... il faut qu'il parte... (A Ivanowitche.) Va ! nous nous retrouverons en route.

IVANOWITCHE.

Oui... demain... je vous attendrai... (Sautant à cheval.) Je te la confie, *matouchka*...

HATTOUINE.

C'est bon... c'est bon.

IVANOWITCHE, étendant le bras.

Ivanowna... à demain !... (Il disparaît, les dragons le suivent. On l'entend crier dehors d'une voix enrouée.) Attention... la rue est pleine de blessés... Maintenez vos chevaux !

(Sa voix se perd.)

IVANOWNA.

Je ne le verrai plus !...

(Elle s'assied sur un tas de décombres, la figure dans ses mains, et pleure.)

SCÈNE III

HATTOUINE, IVANOWNA

HATTOUINE, à part, regardant Ivanowna.

Oui... oui... c'est comme cela.., elle ne pense qu'à Ivanowitche... les autres ne sont rien... Oh! la jeunesse... la jeunesse !... (Elle va ramasser le foin qu'a laissé le cheval, et le jette sur la voiture.) Enfin... voilà... tout est prêt... quand le Rymnik arrivera nous partirons. (Tournant autour de la voiture, et regardant chaque chose en détail.) Pourvu que le kibitk ne casse pas en route... Ces mauvais chemins l'ont tout détraqué... Ah ! je voyais bien que ces gueux de républicains nous attiraient dans l'entonnoir... je le voyais bien... mais Souworow ne voyait rien, lui... Il criait :—En avant !... En avant !... — comme un vieux fou !... Et maintenant nous sommes battus... entourés... affamés... il faut partir la nuit comme des voleurs... prendre le chemin des neiges !... Oui... je l'ai vu, ce chemin... je l'ai vu de loin... il monte... il monte... et les précipices montent aussi... et là-haut ceux qui ne périront pas de fatigue, ou qui ne tomberont pas dans les abîmes... mourront de faim... Oh ! Souworow... qu'as-tu fait de tes enfants ! La vieille *matouchka* aimerait mieux être morte !...

(Pendant les scènes précédentes, la torche qu'on a vue dès le début, tout au fond, s'est rapprochée peu à peu. Aux dernières paroles de Hallouine, elle débouche dans la rue qui traverse la scène ; le docteur Stâhl paraît au milieu d'un groupe d'aides et de soldats portant des civières.)

SCÈNE IV

LES PRÉCÉDENTS, LE DOCTEUR, AIDES, SOLDATS, ETC.

LE DOCTEUR, à l'encoignure du fond, criant.

Éclairez par ici... En voilà !... (Hattouine se retourne et regarde. — Le docteur se baissant.) Celui-ci n'est pas mort... qu'on l'enlève !

(Deux soldats placent le blessé sur une civière et l'emportent.)

HATTOUINE, à part, regardant.

C'est le coupeur de jambes.

LE DOCTEUR.

Les autres sont perdus... (Il se relève.) Toujours ces terribles coups de baïonnettes. (S'approchant d'un autre tas.) Allons... approchez... (Il regarde.) Ah ! la mitraille a donné dans ce coin... En voilà deux coupés par le milieu... Ceux-là n'ont plus besoin de remèdes... Ils sont guéris de tout... Approchez donc, imbéciles... Hé ! voyons, aidez-moi.

(On l'aide à soulever un blessé.)

LE BLESSÉ, se ranimant.

De l'eau... Un verre d'eau!...

LE DOCTEUR.

Ah! bon... il parle... qu'on le mette sur la civière.

(Les soldats obéissent. Hattouine, pendant cette scène, a regardé, immobile.)

HATTOUINE.

L'ouvrage ne manque pas aujourd'hui, coupeur de jambes?

LE DOCTEUR, se relevant, étonné.

Hé! c'est toi, *matouchka*.. Qu'est-ce que tu fais donc là. Tu devrais être partie depuis longtemps!...

HATTOUINE.

J'attends le régiment de Rymnik.

LE DOCTEUR.

Ah! bon... (Il prend une prise.) C'est égal, tu ferais mieux de t'en aller tout de suite... (Se baissant et regardant.) Encore de la mitraille!...

HATTOUINE.

Mais toi, tu restes bien!

LE DOCTEUR.

Moi, je suis forcé de faire mon état... (Aux aides.) — Enlevez ces deux-là. — (A Hattouine.) de relever les blessés... et de les remettre à l'ennemi.

HATTOUINE.

On abandonne les blessés?...

LE DOCTEUR.

Eh! que veux-tu? Les voitures et les chevaux manquent. Il a déjà fallu démonter les cosaques pour l'artillerie... Souworow veut emmener ses canons!

HATTOUINE.

Mais si les républicains te retiennent?

LE DOCTEUR.

Eh bien... ils me retiendront... A la guerre comme à la guerre! Ces républicains sont des hommes. Je leur parlerai de Brutus, d'Horatius Coclès... nous finirons par nous entendre... Ils m'emmèneront à Paris... Tu sais que nous devions aller à Paris, *matouchka*... (Prenant la torche et l'élevant; — à l'un de ses aides :) Hé ! Litow, faites avancer toutes les civières.

LITOW.

Oui, major.

(Il sort par la gauche.)

LE DOCTEUR, la torche haute, regardant à droite.

Quel massacre !... La rue est encombrée jusqu'au bout... Oui... oui... nous allons en avoir de l'ouvrage; c'est pire qu'à Praga !...

(En ce moment, on voit arriver une pièce de canon attelée de quatre chevaux ; elle est arrêtée par les décombres, et l'on entend les cris : — Hue !... hue !... — les coups de fouet et les jurements des conducteurs. Puis arrive un colonel d'artillerie au galop. Le docteur, ses aides et Hattouine se retournent. Ivanowna lève la tête et regarde.)

SCÈNE V

LES PRÉCÉDENTS, LE COLONEL, ARTILLEURS A CHEVAL

LE COLONEL, d'un ton rude.

Place !... faites place !...

(Les aides se rangent.)

LE DOCTEUR.

Vous allez passer dans cette rue avec les canons, colonel ?

LE COLONEL, s'arrêtant.

Oui... Pourquoi?

LE DOCTEUR.

Elle est encombrée de blessés. (Levant la torche.) Regardez!...

(On entend à gauche des cris : — Hé! là-bas!... avancez donc!... hue! — et tous les bruits d'un convoi arrêté brusquement.)

LE COLONEL, regardant. — Avec hésitation.

Les ordres du feld-maréchal sont positifs : sauver les canons à tout prix!

LE DOCTEUR, abaissant la torche.

Mais, colonel, ces blessés sont des Russes!... Le feld-maréchal ne savait pas...

UN DRAGON, entrant au galop, le sabre à la main.

Le feld-maréchal! Le feld-maréchal!

(Il passe.)

SOUWOROW, à la cantonade.

En avant!... En avant!...

SCÈNE VI

LES PRÉCÉDENTS, SOUWOROW ET SON ÉTAT-MAJOR, puis UN AIDE DE CAMP

SOUWOROW,
entrant au galop, à la tête de son état-major. — D'une voix irritée.

Pourquoi les canons ne passent-ils pas?... J'ai donné des ordres... (Apercevant le colonel:) Colonel!...

LE COLONEL, troublé.

Feld-maréchal, la rue est remplie de blessés russes...

SOUWOROW, au docteur.

Pourquoi ne les a-t-on pas relevés?...

LE DOCTEUR.

Nous avons fait notre possible, feld-maréchal... Nous ne savions pas que la retraite...

SOUWOROW, l'interrompant.

Y a-t-il un autre chemin?

LE COLONEL.

Non, feld-maréchal, les autres rues sont trop étroites, et d'ailleurs remplies de décombres!

SOUWOROW, avec une fureur concentrée.

Je ne veux pas laisser de canons à l'ennemi!... (Au docteur.) Combien faut-il de temps pour relever ces blessés?...

LE DOCTEUR.

Une bonne heure, feld-maréchal, en y mettant beaucoup de monde.

SOUWOROW, à un de ses officiers.

Faites avancer deux compagnies... Qu'on s'y mette tout de suite.

(Un aide de camp entre au galop.)

L'AIDE DE CAMP,
s'arrêtant près de Souworow, le chapeau à la main.

Feld-maréchal, une colonne ennemie est en route pour nous couper la retraite.

SOUWOROW, d'un ton furieux.

Qui vous envoie?...

L'AIDE DE CAMP.

Le général Bagration... Voici ma dépêche!...

(Il lui remet une dépêche. Le docteur lève la torche; Souworow lit.

UN BLESSÉ, se soulevant.

Vive Souworow!

(Il retombe.)

SOUWOROW, froissant la dépêche.

Oh! ce Molitor!... (Il jette un regard terrible autour de lui, puis il enfonce ses éperons dans le ventre de son cheval, et part en criant:)

Sauvez les canons!...

(Son état-major le suit. Les conducteurs d'artillerie fouettent leurs chevaux; les pièces défilent au grand galop, et s'engouffrent dans la rue, à droite, où s'élèvent les cris épouvantables des blessés qu'elles écrasent. Hattouine et Ivanowna se couvrent la tête pour ne pas entendre; le docteur lève les mains au ciel.)

NEUVIÈME TABLEAU

LA RETRAITE DE SOUWOROW

Le sentier de Panix, entre le Wichlerstock et le Varab; il côtoie les précipices du Rinkenkopf, à la cime des airs. A gauche, un angle de ce sentier, en corniche sur l'abîme; il est couvert de glace. A droite, au fond, le vide bleuâtre; et, plus loin, au delà de la vallée de la Sernft, d'autres cimes neigeuses qui montent à perte de vue. Une file de soldats russes passent en silence. Ils semblent harassés et se traînent avec peine; la plupart ont abandonné leur sac, et quelques-uns leurs armes.

SCÈNE PREMIÈRE

SOLDATS, UN VIEUX SERGENT

LE SERGENT, derrière.

Avancez ! Avancez !

UN SOLDAT.

Qu'on nous laisse respirer un peu.

LE SERGENT.

Non, non... Les canons arrivent !

UN SOLDAT, se couchant.

Moi, j'aime mieux rester ici.

LE SERGENT.

Fais ce que tu voudras.

UN AUTRE, glissant.

Ah ! mon Dieu !...

(Il disparaît dans l'abîme.)

LE SERGENT, en passant.

Encore un de moins !...

(Arrivent aussitôt derrière deux guides et des artilleurs.)

SCÈNE II

LA QUEUE DES PREMIERS, LES GUIDES, LES ARTILLEURS, UN COLONEL A CHEVAL

LE GUIDE FRISAT, criant.

Attention ici !...

L'AUTRE GUIDE SEPTIMER, se retournant.

Halte !... N'avancez pas !

(On voit apparaître à droite la tête d'un attelage.)

LE COLONEL, avec fureur.

Avancez !...

FRISAT.

Colonel, les canons ne passeront jamais là !

LE COLONEL.

Il passeront... le feld-maréchal veut qu'ils passent.

SEPTIMER.

Je suis un vieux guide, colonel; depuis trente-trois ans je cours la montagne, et je sais que les canons ne passeront pas.

LE COLONEL.

Le chemin est assez large pour les roues. (Se retournant.) En avant !

FRISAT, criant.

Prenez garde !... Depuis trois jours, huit mille hommes ont défilé sur ce chemin. Il est fatigué par tout ce monde et ces chevaux. Le coin, sous un poids pareil, ne tiendra pas !

LE COLONEL.

En avant !...

SEPTIMER, d'un accent solennel.

Nous n'avons plus qu'à recommander notre âme à Dieu. Le coin va tomber; il entraînera plus d'un arpent de terre. Nous allons tous rouler avec les rochers dans le Vinkelthal, à deux lieues d'ici !

(Il montre l'abîme. — La pièce s'avance.

LE COLONEL, aux artilleurs.

Arrêtez !... (Aux guides.) Vous êtes de la canaille... vous nous avez conduits dans un mauvais chemin... vous serez fusillés !...

FRISAT.

Colonel, nous sommes des pères de famille... nous tenons à conserver notre vie... C'est malgré nous que nous sommes venus !...

SEPTIMER.

J'ai prévenu votre général, en partant, que les canons défonceraient tout... Il n'a pas voulu m'écouter.

GRANDS CRIS, derrière.

En avant !... en avant !...

(La scène s'encombre de nouveaux arrivants. Plusieurs se laissent tomber de fatigue, d'autres s'appuient sur leur fusil d'un air accablé ; la faim, la misère, le froid sont peints sur la figure de ces malheureux. Officiers et soldats, tous sont dans le même état. Un soldat veut passer à côté de la pièce, son pied glisse, un camarade lui tend la main ; ils disparaissent tous les deux.

SCÈNE III

LES PRÉCÉDENTS, LES NOUVEAUX VENUS,
entassés dans le coin, à droite.

UN SOLDAT.

C'est Korweski?

UN AUTRE.

Oui, et son frère Pétrowitch... (s'asseyant accablé. Ils ne souffrent plus maintenant !

UN AUTRE, criant.

Ce chemin sera notre mort à tous !...

D'AUTRES.

On meurt de faim... on gèle... on glisse !...

LE COLONEL, du haut de son cheval.

Taisez-vous... Ce soir nous serons dans la vallée, à Ilanz...

UN SOLDAT, avec audace.

Dans la vallée !... oui... comme ceux-là... Regardez... regardez... (Montrant la queue de la colonne, qui se déroule à perte de vue sur les crêtes.) Voyez-vous la voiture qui roule?.. et là-bas ces autres qui glissent... les voyez-vous?... ils s'accrochent... mais les voilà dans le bleu!... C'est comme cela, camarades, que nous arriverons dans la vallée.

(En parlant, il prend son fusil par le canon, le casse sur la pièce et en jette les morceaux dans l'abîme. Le colonel tire un pistolet et l'ajuste.)

CRIS TERRIBLES DES SOLDATS.

Tombons sur le colonel!...

LE COLONEL, remettant son pistolet dans sa ceinture.

Êtes-vous des lâches!

UN SOLDAT.

On nous a trahis... Nous devions arriver le lendemain... et depuis trois jours nous sommes en route... Ça n'en finit plus.

UN AUTRE, criant.

Pas un de nous ne reverra le pays!

LE COLONEL, aux guides, avec fureur.

Vous entendez, malheureux!... c'est vous

qui nous avez trahis... Il existe d'autres chemins.

FRISAT.

Oui, colonel, il en existe un autre par le Plattenberg; mais deux fois plus long et pas meilleur. Votre général n'a pas voulu le prendre; nous n'avions rien à dire.

(On entend en ce moment quelques détonations profondes, qui se répandent dans les vallées comme un roulement de tonnerre.)

LE COLONEL.

Écoutez!...

SEPTIMER.

C'est une avalanche, colonel.

FRISAT.

Non!... c'est autre chose... Regardez là-haut sur la montagne en face, cette fumée qui monte... Voyez-vous les républicains!... Ils n'ont pas besoin de chemin, eux, pour grimper... Les voyez-vous? Tenez... voilà une de leurs balles!... Ah! maintenant ça va devenir plus terrible!

(Au moment où il parle, un soldat tombe et roule; il disparaît dans le gouffre. Des cris s'élèvent et se prolongent au loin jusqu'au bout de la vallée.)

LE COLONEL, avec animation.

Ils veulent nous tourner.

FRISAT.

Oui... ils essayent d'arriver au col de Pignu, et s'ils arrivent là, tous ceux qui restent encore en arrière seront perdus !

LE COLONEL, sortant au galop, par la droite.

Place !... Il faut prévenir le feld-maréchal.

SCÈNE IV

LES PRÉCÉDENTS, moins LE COLONEL
(La fusillade des républicains continue au loin.)

CRIS AU LOIN, en arrière.

En avant !... en avant !...

UN VIEUX SERGENT.

Puisque les balles des républicains arrivent ici, nous pouvons bien leur répondre.

(Il charge son fusil.)

UN SOLDAT.

Bah !.... qu'ils tirent.... qu'ils nous tuent...

Je donnerais ma vie pour un morceau de pain !

UN VIEUX SOLDAT.

Et moi pour un verre de schnaps... Je me laisserais glisser, et j'arriverais d'un coup dans mon village, du côté de Kiew.

UN AUTRE.

Oui, c'est le plus commode, mais sans schnaps le courage vous manque.

UN ARTILLEUR.

Les pièces ne peuvent pas passer... moi je dételle et je m'en vais tranquillement.

UN VIEUX CHEF DE PIÈCE.

Essaye de dételer, je te passe mon sabre dans le ventre !

FRISAT, à son camarade.

Les républicains défilent toujours.

SEPTIMER.

Oui, s'ils arrivent au col, je serai bien content de me rendre.

FRISAT.

Si je connaissais un sentier de traverse, depuis longtemps je l'aurais pris.

CRIS DERRIÈRE, à droite.

Place!... place!..., Le feld-maréchal!...

FRISAT, bas, à Septimer.

Voilà le vieux gueux qui nous a mis dans la misère.

SEPTIMER, de même.

Prends garde... le voici !

(Souworow, à cheval, apparaît au tournant du chemin.)

SCÈNE V

LES PRÉCÉDENTS, SOUWOROW, LE COLONEL, DEUX GÉNÉRAUX, OFFICIERS D'ÉTAT-MAJOR

SOUWOROW, d'une voix brève, après avoir regardé le passage.

Vous êtes sûrs que les canons emporteront ce coin ?

FRISAT.

Oui, feld-maréchal, nous en sommes sûrs.

SOUWOROW.

Des mules passent par là tous les jours.

FRISAT.

C'est vrai, mais pas dans cette saison. Quand la terre est détrempée, elles passent une à une.

SEPTIMER.

Et puis, feld-maréchal, une mule ne pèse pas dix mille.

(La fusillade des républicains redouble. Souworow regarde.)

SOUWOROW.

Les balles de ces gens-là viennent jusqu'ici !

SEPTIMER.

Quelques-unes... en tirant beaucoup plus haut que le chemin.

SOUWOROW, reprenant sa première idée.

Et si ce chemin tombe, est-ce qu'on ne pourrait pas en tracer un autre tout de suite, plus bas ?

FRISAT.

Non feld-maréchal, à moins de reculer de deux lieues, jusqu'à Jætz, et de prendre l'autre crête de la gorge. On ne trouve que du rocher... et puis il faudrait du temps.

SOUWOROW, d'un accent poignant.

Et là... dans le fond... si nous les précipitons... est-ce qu'on les retrouvera?

FRISAT.

Jamais! Au-dessous, pendant une bonne demi-lieue, on ne trouve que du rocher; avant d'arriver en bas, les pièces seront tordues; et tout au fond elles tomberont dans le gouffre du Vinkelthal, où les aigles seuls peuvent descendre.

SOUWOROW, se retournant et regardant ses canons.

Je vous avais glorifiés à Cassano, à la Trébia, à Novi, au Saint-Gothard... Je vous avais sauvés partout!... Il faut donc maintenant que je vous quitte... Mais avant de vous précipiter dans cet abîme, je veux vous entendre pour la dernière fois... (Aux artilleurs.) Qu'on les retourne, et qu'ils fassent entendre aux républicains que Souworow est toujours là!... (Les artilleurs obéissent. Souworow regarde les tirailleurs français. — Aux guides.) Comment ces gens-là sont-ils là haut ?... Il passe donc un sentier en face de nous ?

FRISAT.

Ils n'ont pas besoin de sentier, feld-maréchal, les républicains, depuis deux ans, courent la montagne, ils ont le pied des chasseurs de chamois.

SOUWOROW, se retournant.

Je ne les aime pas... mais ce sont des braves !... (Aux artilleurs, avec fo   Allons !... Feu !...
(Détonations successives au-dessus de l'abime.)

SOUWOROW, se découvrant. — D'un accent solennel.

C'est le dernier adieu de Souworow à ses braves soldats, à ses vieux compagnons de gloire, tombés dans ces montagnes par la trahison des Autrichiens !

LE COLONEL.

Chargez?

SOUWOROW.

Non... non... Ce bruit maintenant me déchire le cœur ! (Aux soldats.) Qu'on les précipite !

(Les soldats coupent les traits des chevaux et poussent aux roues ; les pièces culbutent sur le talus et disparaissent dans l'abime, sans produire aucun bruit.)

SOUWOROW, d'une voix éclatante et terrible.

Adieu !... adieu !... (Aux soldats.) Et maintenant passez !... Que les républicains tirent, Souworow ne leur répondra plus !...

(Il s'éloigne. Quelques soldats se relèvent et se remettent en route ; d'autres, accroupis, la tête sur les genoux, restent immobiles et mornes. Les guides suivent en précipitant le pas. Un groupe de hussards, de cosaques et de dragons démontés s'avancent en se pressant, et passent. Derrière s'entend un bruit de fusillade, qui se rapproche de seconde en seconde.)

SCÈNE VI

GROUPE DE COSAQUES ET D'AUTRES CAVALIERS DÉMONTÉS

UN CAPITAINE.

Place... place... je suis capitaine aux hussards de Bauer.

UN SOLDAT, se retournant.

Je me moque de toi... ma peau vaut autant que la tienne.

LE CAPITAINE.

Prends garde !

LE SOLDAT.

Prends garde toi-même !

(Ils se poussent.)

PLUSIEURS SOLDATS.

Jetez l'Autrichien en bas !...

LE CAPITAINE.

Allons... allons... camarades, ne nous fâchons pas.

UN HETTMANN, en passant.

Chacun pour soi !... Tâche de marcher droit !

(Il tient un long pistolet à la main.)

LE PREMIER SOLDAT, d'un ton sourd, au capitaine.

Tu passeras quand j'aurai passé !

(Il s'avance péniblement ; la colonne le suit en silence. On entend toujours des deux côtés la fusillade qui se rapproche. D'autres misérables défilent et tournent un à un l'angle du chemin. Tout à coup la fusillade en avant, à gauche, redouble ; cinq ou six balles arrivent en ricochant dans le sentier, des soldats tombent, et l'on aperçoit sur une roche, en face, de l'autre côté de la gorge, le feu roulant d'une compagnie de républicains. Grand tumulte en avant.)

CRIS LOINTAINS, en avant.

Halte ! halte !

AUTRES CRIS DERRIÈRE, à droite.

En avant !

UN OFFICIER,
arrivant au tournant du chemin, à gauche, s'arrête et crie :

Halte ! Nous sommes coupés... Les républicains arrivent !

UN SOLDAT, derrière l'officier.

Avanceras-tu?

(Il essaye de le pousser avec sa baïonnette. L'officier se retourne et lui lance un coup de sabre. Tous deux glissent et s'accrochent.)

L'OFFICIER, d'une voix sourde et haletante.

Ah! brigand!...

LE SOLDAT.

Tu tomberas avec moi!...

D'AUTRES, poussant par derrière.

Avancez!... avancez!...

(Le feu redouble et se rapproche à droite et à gauche. Malgré la résistance de ceux qui rebroussent chemin, la colonne qui défile se remet en marche. Arrive un nouveau groupe de cavaliers démontés et de fantassins, pêle-mêle; derrière ce groupe s'avancent Hat'ouine et Ivanowna. Hattouine est assise sur son vieux bidet, Ivanowna tient la bride. Puis on aperçoit Ivanowitche à cheval, le drapeau russe à la main, au milieu d'une compagnie de grenadiers de Rymnik, qui reculent en combattant. Un vieux tambour, à longues moustaches grises, debout à côté d'Ivanowitche, bat la grenadière d'un air impassible.)

SCÈNE VII

LES PRÉCÉDENTS,
HATTOUINE, IVANOWNA, IVANOWITCHE, SOLDATS, GRENADIERS DE RYMNIK

IVANOWITCHE, se retournant.

Passe, *matouchka*... passe vite... Voici les républicains.

HATTOUINE.

Merci, mon bon fils Ivanowitche... Courage Ivanowna!...

IVANOWNA, traînant le cheval.

Hue! hue! (Elles entrent dans la foule.)

IVANOWITCHE, criant aux soldats qui l'entourent :

Grenadiers de Rymnik, tenez ferme autour du drapeau... Donnons aux autres le temps de passer!...

(Fusillade très-rapprochée. Coups de canon. Des masses de fumée passent. Ivanowitche lève le drapeau. Les grenadiers de Rymnik répondent au feu des Français. Au moment où Hattouine et Ivanowna vont passer sur la corniche, un boulet arrive et ébranle l'angle du chemin, qui se penche lentement et s'écroule dans l'abîme. Plusieurs soldats coulent en poussant un cri terrible et confus. Les autres reculent épouvantés.)

TOUS.

Plus de chemin... Nous sommes perdus!...

(Les uns jettent leurs armes, d'autres lèvent les mains vers le ciel.)

IVANOWITCHE, d'une voix terrible.

Grenadiers de Rymnik, plus de retraite... c'est ici qu'il faut mourir!... Vengeons-nous... En avant... à la baïonnette!...

LES GRENADIERS DE RYMNIK.

Vive Souworow!...

(Ils croisent la baïonnette et chargent tête baissée. Quelques soldats ramassent des armes et les suivent. On entend le bruit du combat, le roulement du tambour, les clameurs, la fusillade, les cris des blessés.)

SCÈNE VIII

HATTOUINE, IVANOWNA, SOLDATS

HATTOUINE, qui s'est laissée glisser de cheval.

Maintenant, tout est fini, les républicains vont venir... Ils nous tueront!

IVANOWNA, se jetant dans les bras de Hattouine.

Sauvons-nous, mère Hattouine... Ils arrivent!...

(Le bruit du combat se rapproche Les grenadiers de Rymnik rentrent en combattant; quelques-uns s'affaissent dans le chemin. Ivanowitche apparaît un des derniers, au milieu d'un petit groupe. Comme il rentre en scène, on voit une colonne française déboucher de l'autre côté de la corniche, drapeau en tête. Le vieux tambour est toujours près d'Ivanowitche; son bras gauche, brisé par une balle, pend inerte, le long de son corps; il bat la grenadière de la main droite.)

SCÈNE IX

LES PRÉCÉDENTS, IVANOWITCHE, GRENADIERS DE RYMNIK, OFFICIERS ET SOLDATS FRANÇAIS, puis OGISKI, à la tête d'une compagnie de républicains.

IVANOWITCHE, à ses soldats.

Grenadiers de Rymnik, soutenez votre drapeau!

UN OFFICIER FRANÇAIS, de l'autre côté de la corniche, à gauche.

Rendez-vous!

OGISKI.
paraissant à droite, le sabre en main, à la tête d'une compagnie.

Mettez la crosse en l'air!

UN VIEUX SOLDAT.

Tout est perdu... Rendons-nous!...

(Il lève la crosse de son fusil.)

TOUS LES AUTRES.

Oui... oui... rendons-nous!...

(Ils lèvent la crosse.)

IVANOWITCHE, criant.

Lâches!...

OGISKI, à Ivanowitche.

Abaisse le drapeau!...

IVANOWITCHE.

Non!...

OGISKI, tirant un pistolet de sa ceinture.

Abaisse le drapeau... ou tu es mort!...

(Il l'ajuste.)

IVANOWNA, d'une voix suppliante.

Ivanowitche!...

IVANOWITCHE.

Adieu!... (Élevant son drapeau.) Vive le Tzar!...

(Il s'élance dans l'abîme. Ivanowna pousse un cri déchirant et tombe évanouie. Hattouine la soutient.)

HATTOUINE, d'une voix navrante, les yeux levés au ciel.

Oh! Souworow... Souworow!...

DIXIÈME TABLEAU

LE BULLETIN DE LA VICTOIRE

La salle du Conseil des Anciens, au palais des Tuileries (ancienne salle de la Convention). Tribune à droite. Galeries autour. Les bancs en hémicycle. Le Conseil est en séance. Les tribunes des galeries regorgent de monde. On lit un rapport sur les finances. Le tumulte règne dans la salle et dans les tribunes.

SCÈNE PREMIÈRE

LE CONSEIL, LE PRÉSIDENT, LE RAPPORTEUR,
LE PUBLIC DES GALERIES

CRIS DANS LES TRIBUNES, à droite.

La dépêche !... La dépêche !...

UNE VOIX DANS LES TRIBUNES, à gauche.

Il n'y a pas de dépêche.

AUTRE VOIX, à droite.

On ne dit rien... l'armée est en déroute!

CRIS NOMBREUX, à gauche.

A la porte les muscadins!... à la porte les alarmistes!

LE PRÉSIDENT.

Silence aux tribunes! (Au rapporteur.) Continuez, citoyen rapporteur.

LE RAPPORTEUR.

Il est impossible de se faire entendre.

LE PRÉSIDENT, agitant sa sonnette.

Citoyens représentants, écoutez la lecture du rapport; la matière est sérieuse, elle mérite toute votre attention.

UNE VOIX DANS LES GALERIES, à droite.

Une dépêche du général Masséna est arrivée ce matin au Luxembourg.

AUTRES VOIX, à gauche.

Non, il n'y a pas de dépêche... Écoutez!...

LE PRÉSIDENT.

Je vais faire évacuer les tribunes.

UN REPRÉSENTANT, de sa place.

On assure qu'une dépêche est arrivée ce matin au Directoire exécutif; pourquoi ne nous est-elle pas communiquée?

UNE VOIX DANS LES TRIBUNES, à droite.

La bataille est perdue... Souworow est en marche sur Paris!

(Grande rumeur; le président agite sa sonnette.)

CRIS DANS LES TRIBUNES, à droite.

La dépêche!... La dépêche!...

UN REPRÉSENTANT.

Depuis deux jours, l'avis d'une bataille décisive court de bouche en bouche; des bruits sinistres se répandent... les factions royalistes s'agitent... le silence du Directoire nous accable!

UN AUTRE.

On nous cache la situation.

UN AUTRE, avec force.

Si la patrie est en danger, qu'on le déclare!

LE PRÉSIDENT.

Citoyens représentants, quelles que soient

les circonstances, vous devez l'exemple du calme au pays. Je n'ai reçu aucune communication du Directoire exécutif.

CRIS DANS LES TRIBUNES, à droite.

La dépêche !..

LE PRÉSIDENT, aux huissiers.

Faites évacuer les tribunes !

(Les huissiers descendent à droite. Au même instant, un envoyé du Directoire se présente à la porte de gauche, une dépêche à la main. Grandes acclamations au dehors. Silence dans la salle. L'envoyé remet sa dépêche à un secrétaire, qui la porte au président. Dehors, les acclamations redoublent.)

VOIX NOMBREUSES.

Écoutez !... écoutez !...

LE PRÉSIDENT, ouvrant la dépêche

Communication du Directoire exécutif au Conseil des Anciens. Dépêche du général Masséna. (Il se lève. — Grande rumeur, suivie d'un profond silence.)

LE PRÉSIDENT, lisant.

« *Le général en chef de l'armée d'Helvétie au Directoire exécutif.*

« Quartier général de Zurich.

« Citoyens directeurs,

« Le sort de la campagne est décidé. Les

« puissances coalisées avaient réuni trois ar-
« mées, pour envahir l'Helvétie et pénétrer en
« France. En deux jours, nous avons confondu
« leurs projets. Nous avons franchi la Lim-
« mat, anéanti l'armée de Korsakow, pris tous
« ses canons, ses bagages, son trésor, et en-
« levé de vive force Zurich, où il a laissé six
« mille prisonniers et trois généraux bles-
« sés. »

(Bruyantes acclamations.)

VOIX NOMBREUSES DANS LES TRIBUNES, à droite.

Silence !... silence !...

(Nouvelles acclamations plus vives.)

UN REPRÉSENTANT, se levant.

La République est sauvée !

UN AUTRE.

Vive Masséna !

(Le silence se rétablit.)

LE PRÉSIDENT, continuant sa lecture.

« Nous avons franchi la Linth et battu l'ar-
« mée autrichienne. Nous lui avons fait trois
« mille cinq cents prisonniers, et pris vingt
« pièces de canon. Son général en chef est

« resté sur le champ de bataille. — L'armée
« de Souworow... »

VOIX NOMBREUSES DANS LES TRIBUNES,
à droite.

Ah ! ha !...

CRIS VIOLENTS DANS TOUTE LA SALLE.

Silence !... silence... A la porte les royalistes !

(Profond silence. — Acclamations au dehors.)

LE PRÉSIDENT, reprenant d'une voix plus forte.

« L'armée de Souworow, après avoir forcé
« le Saint-Gothard, s'était avancée jusqu'à Altorf. Nous l'avons battue dans la vallée de
« Mutten ; nous lui avons enlevé un drapeau
« et deux canons. Forcée à une retraite pré-
« cipitée, elle a abandonné à notre générosité ses blessés, parmi lesquels un général et
« nombre d'officiers. Rejetée sur Glaris, nous
« l'avons encore battue ; nous lui avons fait
« quinze cents prisonniers, pris un drapeau et
« tué un général. N'espérant de salut que dans
« la fuite, Souworow s'est jeté dans les Gri-

« sons, en nous abandonnant encore quinze
« cents prisonniers. Il a perdu en outre son
« artillerie et ses bagages. »

TOUS LES REPRÉSENTANTS, se levant comme un seul homme.

Vive la République !

(Immense acclamation au dehors et dans les tribunes de gauche.)

LE PRÉSIDENT, continuant.

« Sur le Rhin, les débris des corps battus,
« renforcés par le corps bavarois du général
« Nauendorf et par celui de Condé, ont tenté
« vainement une nouvelle attaque. Nous étions
« déjà là pour la recevoir. Du côté de Schaf-
« fouse, nous leur avons fait quinze cents pri-
« sonniers, pris des drapeaux, des canons, et
« tué un général. A Constance, nous avons fait
« des prisonniers, enlevé le drapeau des gre-
« nadiers de Bourbon, plusieurs pièces de ca-
« non, et tué deux généraux du corps de
« Condé. Tel est, citoyens Directeurs, le ré-
« sultat général de la bataille de Zurich. A
« demain de plus amples détails, et les cita-
« tions à l'ordre du jour. — Salut et respect.

« Masséna. » (Levant la dépêche.) Vive l'armée d'Helvétie !...

TOUS LES DÉPUTÉS, se levant.

Vive l'armée d'Helvétie !... Vive Masséna !... Vive la République !...

(Un coup de canon retentit. Les acclamations redoublent. La foule du dehors envahit les tribunes, en chantant la *Marseillaise*.)

ONZIÈME TABLEAU

LA RECONNAISSANCE DU TZAR

Chambre boisée de chêne. Alcôve à gauche, porte à droite, deux fenêtres au fond, donnant sur la rue. Souworow, étendu dans un grand fauteuil, près de l'alcôve, est à la dernière extrémité. Basilianof, son domestique, se tient debout derrière le fauteuil. Dehors, au loin, s'entend une marche militaire.

SCÈNE PREMIÈRE

SOUWOROW, BASILIANOF, puis HATTOUINE

SOUWOROW, avec effort, après un instant de silence.

Basilianof?...

BASILIANOF

Feld-maréchal !

SOUWOROW, d'une voix navrante.

Je ne suis plus feld-maréchal... Je suis un

vieux soldat qu'on appelle Souworow... Le Tzar ne me connaît pas... je ne suis rien !

BASILIANOF.

Tout cela n'est qu'un petit orage, feld-maréchal, notre glorieux Tzar ne peut pas vous oublier ; il se souviendra bientôt de son serviteur Souworow, Rymnikski, Italikski...

SOUWOROW, d'un accent poignant.

Oui, quand il aura besoin de moi !... (Silence. La musique se rapppoche.) On fait de la musique, dehors, Basilianof ?

BASILIANOF.

Oui, feld-maréchal, les régiments viennent de passer la revue sur la place Tzaritzine.

SOUWOROW.

Quels régiments ?

BASILIANOF.

Ceux de Rymnik, d'Ismaïl, de Markow, les dragons, les canons...

SOUWOROW.

Pousse mon fauteuil... que je les voie... (Basilianof pousse le fauteuil près de la fenêtre, et lève le rideau. Souworow regarde.) C'est le Rymnik ! Ils défilent... Ils défilent... Pas un ne tourne la tête... Ils savent pourtant bien que Souworow, le père Souworow se meurt ici !... (Silence.) Ah !... le drapeau !... (Il se lève péniblement, les mains cramponnées aux bras de son fauteuil. Le drapeau tout déchiré du régiment de Rymnik passe devant les fenêtres. Souworow se redresse, fait le salut militaire et retombe. — A Basilianof :) Ferme le rideau, Basilianof, je ne puis plus voir cela !... (Avec accablement.) Cette musique me tue !...

BASILIANOF, tournant le fauteuil.

Le défilé ne sera plus long, feld-maréchal, la revue est finie.

SOUWOROW, se parlant à lui-même.

Oui... oui... la grande revue viendra bientôt... Elle viendra pour tous... pour les tzars... pour les princes... pour les feld maréchaux... pour les simples soldats... (Silence.) Ah! la gloire !...

(Il respire avec effort. On voit dans la rue une vieille femme se pencher à la fenêtre, et regarder dans la chambre.)

BASILIANOF, frappant contre les vitres.

Dieu te bénisse?...

SOUWOROW, essayant de se retourner.

Qu'est-ce que c'est?

BASILIANOF.

Une vieille mendiante.

SOUWOROW.

Donne-lui quelques kopecks... Va!...

(Le domestique obéit.)

BASILIANOF, sur la porte à droite.

Tiens, et laisse-nous tranquilles.

LA FEMME, dehors.

Merci, je n'ai besoin de rien.

BASILIANOF.

Alors, qu'est-ce que tu veux?

LA FEMME.

N'est-ce pas ici que demeure Souworow?

SOUWOROW, écoutant.

Je connais cette voix.

BASILIANOF.

Le feld-maréchal ne reçoit personne.

SOUWOROW, d'une voix faible.

Laisse entrer la femme...

BASILIANOF.

Le feld-maréchal est malade.

LA FEMME.

Je veux le voir... Il me connaît... Dis-lui que c'est la vieille *matouchka* du Rymnik.

SOUWOROW, avec effort.

Ah! qu'elle entre... qu'elle entre!...

BASILIANOF, se retournant.

Cette femme, feld-maréchal, dit vous connaître.

SOUWOROW.

Oui... oui... depuis longtemps.

(Sa voix s'éteint. Hattouine paraît sur le seuil, puis s'approche et regarde en silence. Souworow lui tend les mains; elle s'agenouille et les embrasse en fondant en larmes. Basilianof se tient debout derrière.)

HATTOUINE, en sanglotant.

Oh! mon fils, Basilowitche, dans quel état je te retrouve!

SOUWOROW, profondément ému.

Lève-toi, *matouchka!*

HATTOUINE, sanglotant.

J'avais tout perdu... Ivanowna... Ivanowitche... tout!... Je pensais : — Mon fils Souworow est encore là... il est heureux, lui... — Ça me consolait un peu! On me disait bien : le Tzar n'a pas voulu le voir... mais je ne le croyais pas!... Qu'est-ce qu'il nous reproche donc, le Tzar? Est-ce que nous n'avons pas tout souffert pour lui?... Est-ce que nous n'avons pas tout donné?... Est-ce que c'est notre faute, si les autres se sont laissé battre... si Korsakow s'est sauvé... si les Autrichiens nous ont tout laissé tomber sur le dos?...

SOUWOROW, à son domestique.

Tiens, Basilianof, regarde cette vieille *matouchka*!... Elle connaît mieux la guerre que tous ces cadets, ces officiers de parade, ces tas de pieds-plats, de ducs, de princes, de barons, qu'on nous envoie avec des brevets de génie, et dont la bêtise, malheureusement, ne se montre que sur le champ de bataille! — Lève-toi, *matouchka*, je suis content de te voir!

HATTOUINE, se levant.

Nous avons eu bien des misères depuis cinquante ans, mais celle-ci est la plus grande.

SOUWOROW, avec amertume.

Oui... tu as raison.

BASILIANOF.

Notre glorieux Tzar verra qu'il s'est trompé, feld-maréchal.

SOUWOROW, d'un ton de dédain.

Feld-maréchal!... Laisse tous ces titres, Basilianof. Quand on arrive où j'en suis, tout devient clair... Où sont mes amis?... Où sont ceux auxquels j'ai rendu service? Ils craignent de déplaire au Tzar!... La vieille *matouchka*, seule...

BASILIANOF, vivement.

Hé! je vous le disais bien, feld-maréchal, le Tzar Paul pense encore à nous!...

(Il montre de la main une voiture de la cour, qui vient de s'arrêter devant les fenêtres; quelques dignitaires en descendent. Silence. On entend la porte de la maison s'ouvrir.)

HATTOUINE.

A cette heure, je m'en vais.

SOUWOROW.

Non, reste!....

BASILIANOF, sur le seuil, annonçant.

Monsieur le comte Kalb.

SOUWOROW, essayant de se lever.

Monsieur le comte Kalb... Je ne connais aucune famille russe de ce nom... N'importe... qu'il entre!... (A Hattouine.) Aide-moi, *matouchka*.

(Le comte paraît, suivi de plusieurs dignitaires en costume de cour.)

SCÈNE II

LES PRÉCÉDENTS, LE COMTE KALB, SEIGNEURS

SOUWOROW, regardant le comte.

Monsieur le comte... comment?

LE COMTE.

Kalb, feld-maréchal.

SOUWOROW.

Ah! fort bien... Vous excuserez mon étonnement, monsieur le comte. Ce nom russe est nouveau pour moi... A quelle circonstance dois-je l'honneur et la faveur de votre visite?

LE COMTE.

Sa Majesté le Tzar Paul me charge de vous présenter ses compliments, feld-maréchal.

SOUWOROW.

Je suis touché... profondément touché... monsieur le comte?...

LE COMTE.

Kalb.

SOUWOROW.

Un nom russe, n'est-ce pas?

LE COMTE.

Je suis né en Turquie; c'est à la grâce du monarque que je dois mon titre.

SOUWOROW.

Ah! monsieur le comte, vous avez sans doute rendu quelque service éminent? Dans quel corps avez-vous servi? A quelle bataille avez-vous assisté?...

LE COMTE.

Je n'ai jamais servi dans l'armée.

SOUWOROW.

Ah! je comprends... c'est dans la diplomatie.

LE COMTE.

Non, feld-maréchal.

SOUWOROW.

Ou dans quelque ministère?

LE COMTE.

Je n'ai jamais servi dans aucun ministère. J'ai toujours été auprès de l'auguste personne de Sa Majesté.

SOUWOROW, faisant l'étonné.

Ah! mon Dieu! Et en quelle qualité, s'il vous plaît?

LE COMTE.

J'ai été premier valet de chambre de Sa Majesté Impériale.

SOUWOROW, après un silence.

Ah! très-bien!... très-bien! (Se tournant vers son domestique.) Basilianof, vois-tu ce seigneur! Il a été ce que tu es... A la vérité, c'était auprès de notre très-gracieux souverain... Tu vois le beau chemin qu'il a fait?... Le voilà devenu comte... le voilà décoré des ordres de Saint-André, de Saint-Alexandre-Newski, de Saint-Volodimir, de tous les ordres de Russie!... Ainsi, tâche de te bien conduire, Basilianof... Qui sait ce que tu peux devenir un jour?... C'est encourageant!... (Au comte.) Monsieur le comte, vous exprimerez à Sa Majesté toute ma gratitude de l'honneur qu'elle me fait... J'aurais désiré pouvoir vous épargner cette peine, mais nos services, à nous autres vieux soldats, sont plus pénibles que les vôtres, quoique moins glorieux, sans doute!... Et vous direz à Sa Majesté... (Une suffocation le prend. Il se ette en arrière, en étendant la main et criant :) *Matouchka...* adieu!...

(Sa tête retombe, il s'affaisse dans son fauteuil. Le comte sort précipitamment, les autres seigneurs le suivent. Hattouine s'agenouille.)

BASILIANOF, après un long silence:

Le feld-maréchal est mort!...

FIN.

J. HETZEL, 18, RUE JACOB.

Ouvrages illustrés in-8 et in-18.

BIBLIOTHÈQUE DES FAMILLES

ÉDUCATION ET RÉCRÉATION

Volumes in-8°.

ALFRED DE BRÉHAT.

LES AVENTURES D'UN PETIT PARISIEN. — 1 beau vol. in-8, illustré par MORIN, relié, 10 fr.; broché......... 6 fr.

> Aussi amusant que le *Robinson suisse*, instructif, moral et littéraire; beaucoup de variété et de mouvement. Grand succès de famille; traduit en plusieurs langues.

LOUIS DESNOYERS.

AVENTURES DE JEAN-PAUL CHOPPART, nouvelle édition illustrée de nombreuses vignettes par GIACOMELLI, 1 vol. in-8. Prix : relié, 10 fr. ; broché.............. 6 fr.

> Livre original, robuste, très-bon et très-amusant pour les enfants et excellent pour servir d'antidote aux idées d'indépendance et de rébellion, toujours inspirées de la paresse, qui travaillent souvent les jeunes têtes. Succès consacré et on ne peut plus légitime.

COMTE DE GRAMONT.

LES BÉBÉS, poésies de l'enfance, illustrés par OSCAR PLETSCH. 1 vol. in-8°. Prix : relié, 10 fr.; broché....... 6 fr.

LES BONS PETITS ENFANTS (vol. en prose), vignettes par LUDWIG RICHTER. 1 vol. in-8. Prix : relié, 10 fr.; broché... 6 f.

> Ces deux volumes sont ornés de nombreuses vignettes par les deux dessinateurs de scènes enfantines les plus en renom de l'autre côté du Rhin, Ludwig Richter et Pletsch. Jolis textes, ingénieusement variés, d'un style pur et élégant.

ÉDITIONS ILLUSTRÉES.

XAVIER SAINTINE.

PICCIOLA, 39ᵉ édition, illustrée à nouveau par FLAMENG. 1 vol. in-8. Prix : relié, 10 fr.; broché.............. 6 fr.

    Un livre pour lequel toute apologie est depuis longtemps superflue; sain, touchant, aimable, gracieux, ne développant la sensibilité que dans le sens le plus droit, le plus moral: un vrai livre de jeunes filles.

COMTE ANATOLE DE SÉGUR.

FABLES illustrées par FRŒLICH. 1 beau vol. in-8. Prix : relié, 10 fr.; broché........................... 6 fr.

    Élégance et distinction de forme, morale aimable et solide, sentiments élevés, telles sont les qualités qui recommandent particulièrement ce recueil à l'attention des familles. Jeunes filles et jeunes gens le liront avec autant de profit que de plaisir.

P. J. STAHL ET MULLER.

LE ROBINSON SUISSE, revu et mis au courant de la science moderne, environ 150 dessins de YAN' DARGENT. 1 vol. grand in-8. Prix : relié, 10 fr.; cartonné doré, 8 fr.; broché.............................. 6 fr.

    En conservant toutes les qualités de l'ouvrage original, qui l'ont rendu si cher aux enfants, la nouvelle traduction en a fait disparaître les erreurs scientifiques, les longueurs et les autres défauts qui le déparaient. C'est maintenant un livre aussi sain, aussi solide qu'il est intéressant et agréable.

E. VAN BRUYSSEL.

HISTOIRE D'UN AQUARIUM ET DE SES HABITANTS, 1 vol. grand in-8, avec dessins en 12 couleurs, chef-d'œuvre typographique imprimé par Silbermann de Strasbourg, d'après BECKER et RIOU. Prix : relié, 8 fr.; cartonné.. 6 fr.

    Les femmes du monde, les jeunes personnes et les jeunes gens trouveront dans cet excellent et charmant livre des enseignements pratiques très-judicieux, joints à des notions d'histoire naturelle rigoureusement fondées sur l'observation la plus sage et la plus sûre.

J. HETZEL, 18, RUE JACOB.

JULES VERNE.

CINQ SEMAINES EN BALLON, 1 vol. in-8, illustré par
Riou. Prix : relié, 10 fr.; cartonné, doré, 8 fr.; broché. 6 fr.

> Résumé de toutes les connaissances fournies par les découvertes modernes sur l'intérieur du continent africain. Science solide, jointe à un talent éminent de romancier et d'écrivain. C'est le procédé de Walter Scott appliqué à la géographie. Récit singulièrement dramatique et attachant pour tous les âges.

P. J. STAHL.

LA BELLE PETITE PRINCESSE ILSÉE, illustrée par
E. Froment. Édition grand in-8. Prix : relié, 7 f.; broché 5 fr.

> Livre fait pour figurer au premier rang dans une bibliothèque de jeune fille. La grâce, le charme, la pureté de la forme sont réunis à une moralité irréprochable dans cet ouvrage écrit en allemand par une jeune fille et mis en français par Stahl.
>
> Le volume, imprimé avec titre et encadrements en couleurs, orné d'estampes et de vignettes dues au talent si distingué et si poétique d'E. Froment, est de plus un ravissant album.

VICTOR HUGO.

LES ENFANTS (*le Livre des Mères et des Jeunes Filles*), la fleur des poésies de Victor Hugo ayant trait à l'enfance, illustrée par Froment. 1 vol. grand in-8. Prix : relié, 15 fr.; broché.. 10 fr.

> Victor Hugo est peut-être de tous les poëtes qui ont existé celui qui a le mieux parlé des enfants. Pour les décrire, pour rendre leurs impressions et analyser leurs sentiments, il déploie autant de grâce et de délicatesse qu'il montre de force et de profondeur dans d'autres sujets. En formant ce recueil dont l'idée était toute naturelle, le poëte et l'éditeur ont surtout pensé aux mères, aux jeunes filles et aux jeunes gens qui trouveront dans ces beaux vers une source de nobles et salutaires émotions.

LOUIS RATISBONNE.

LA COMÉDIE ENFANTINE, riche édition illustrée par
Gobert et Froment. — *Ouvrage couronné par l'Académie.* — 5ᵉ édition (1ʳᵉ série). 1 vol. in-8; broché...... 10 fr.

J. HETZEL, 18, RUE JACOB.

MADEMOISELLE LILI A LA CAMPAGNE, album grand in-8° sur vélin, 24 grands dessins à la plume, texte par P. J. Stahl. — Relié, 8 fr.; cartonné .... 5 fr.

    Nouvel épisode de la vie de Mademoiselle Lili, qui ne sera pas moins bien accueilli que la journée de Mademoiselle Lili: les dessins ont la même ingénuité gracieuse; le texte, plus développé, court avec une vivacité et une gaieté propres à ravir des intelligences enfantines et à leur faire goûter les aimables leçons qui s'y trouvent mêlées. — Bijou typographique d'ailleurs.

MICK NOEL.

L'HISTOIRE DU GRAND ROI COCOMBRINOS. Cartonné. 3 fr.

LES MÉSAVENTURES DU PETIT PAUL. Cartonné..... 2 fr.

    Silhouettes comiques qui comblent de joie les tout petits enfants, et qui, avec les textes amusants qui les accompagnent, font rire encore les plus grands.

ALEXANDRE DUMAS.

LA BOUILLIE DE LA COMTESSE BERTHE, illustrée par Bertall. In-18, cartonné, 3 fr.; broché .... 2 fr.

    Plein d'entrain et d'originalité comme tout ce qui est sorti de cette plume féconde; ce conte a déjà fait le bonheur de plusieurs générations d'enfants, et son succès n'est pas près de s'épuiser.

CHARLES NODIER

TRÉSOR DES FÈVES ET FLEUR DES POIS, illustré par Tony Johannot. In-18. Cartonné, 3 fr.; broché........ 2 fr.

    Mêmes qualités qu'aux volumes précédents, mais en des sujets particulièrement appropriés à l'enfance. Gai ou touchant, Nodier est toujours dans une juste mesure, et l'impression qu'il laisse est excellente.

LIVRES

D'ÉDUCATION ET DE RÉCRÉATION
Collection in-18
AVEC ET SANS VIGNETTES.

THÉOPHILE LAVALLÉE. *Les frontières de la France*, ouvr. couronné par l'Académie française. 3e édit.   3 »

PIERRE GRATIOLET. *De la physionomie et des mouvements d'expression*; orné d'un portrait de l'auteur.   3 50

FARADAY. *Histoire d'une chandelle*; traduite par William Hughes, complétée et revue par Henri Ste-Claire Deville; avec figures par Jules Duvaux..   3 50

MAURY (le commandant). *Géographie physique*; traduite par Margollé et Zurcher, avec une carte....   3 »

MAYNE-REID (le capitaine). *Aventures de terre et de mer*; traduites par E. Allouard. Dessins de Riou......   3 50

MAYNE-REID (le capitaine). *Les jeunes Esclaves*, aventures de terre; traduction de E. Allouard; dessins de Riou..................   3 50

F. BERTRAND (de l'Institut). *Les fondateurs de l'astronomie moderne.* — Copernic. — Tycho-Brahé. — Képler. — Galilée. — Newton. 3e édition.............   3 »

ED. GRIMARD. *La Plante*, botanique simplifiée, avec une préface de Jean Macé. 2 vol. séparément...   5 ..

JULES VERNE. *Cinq semaines en ballon*; voyages de découvertes en Afrique. 8e édition......... .....   3 »

JULES VERNE. *Voyage au centre de la terre.*.........   3 »

Mme MARIE PAPE-CARPENTIER. *Le secret des grains de sable, ou Géométrie de la nature.*...............   3 »

JEAN MACÉ. *Histoire d'une bouchée de pain*; lettres à une petite fille sur la vie de l'homme et des animaux. 17e édition.........................   3 »

JEAN MACÉ. *L'arithmétique du grand-papa*; histoire de deux petits marchands de pommes...............   1 »

ANTONIN ROCHE. *Les poètes français*; histoire de la poésie française en exemples. Recueil de morceaux choisis. 7e édition.....................   3 50

ANTONIN ROCHE. *Les prosateurs français*; histoire de la prose française en exemples. 7e édition........   4 »

Paris. — Impr. Bonaventure et Ducessois, 55, quai des Augustins.

www.ingramcontent.com/pod-product-compliance
Lightning Source LLC
Chambersburg PA
CBHW072020150426
43194CB00008B/1190